WIZARD

トーマス・K・カー[著]
長尾慎太郎[監修]
山下恵美子[訳]

株式超短期売買法

ミクロトレンドを使ったスキャルピング法

Micro-Trend Trading for Daily Income
Using Intra-Day Trading Tactics to
Harness the Power of Today's Volatile Markets　by Thomas K. Carr

Pan Rolling

Micro-Trend Trading for Daily Income : Using Intra-Day Trading Tactics to Harness the Power
of Today's Volatile Markets
by Thomas K. Carr

Copyright © 2011 by Thomas K. Carr. All rights reserved.

Japanese translaton rights arranged with The McGraw-Hill Companies, Inc. through Japan UNI
Agency, Inc., Tokyo

監修者まえがき

　本書はトーマス・K・カーの著した"Micro-Trend Trading for Daily Income"の邦訳である。この本をほかの類書と比較した際の技術的な特徴は、著者がVIX指数を用いてマーケットの相転移を認識し、それぞれの内部状態に応じたトレードシステムを提案していることにある。VIX指数は米国の株式市場のものだが、日本でもVI指数があるし、ほかのアセットクラスでも自分で同種の指数を計算するか、プット・コール・レシオを代用にしてセンチメントを測ることで、著者のトレードシステムを利用することができるだろう。

　ところで、本書のなかで興味深いのは、カーがファンダメンタルズ指標による銘柄スクリーニング法を勉強して中長期的な投資戦略を作り、実際に運用した経験を書いてあるくだりである。その試みはリーマンショックに遭遇してあえなく頓挫するのだが、本人はすぐにそれを反省してテクニカルな短期トレードに戻ってきた。広く知られているように、静的な投資・トレード戦略を使用する場合は、長期投資よりも短期トレード、そしてファンダメンタルズ分析よりも定量分析を用いなければならない。だから、失敗したあとのカーの判断・選択はまったくもってまっとうだということになる。ただ、読み手からすると、付け焼刃のファンダメンタルズ投資などうまくいくはずはないのだから、最初からやめておけばよいのにと思うのだが、すでに知識として（ダメだと）知っていることでも、実際に体験してみないと本人は納得できなかったということだろう。

　ここでカーの名誉のために書いておくと、こうした失敗は別に珍しいことでもないし、ましてや実験がうまくいかなかったからといって彼の能力に疑いを持つのは筋違いというものである。結果として彼は自分の得意な場所に戻ってきたのだし、カーがその経緯を包み隠さず

書いたことで、後進の者が同じ轍を踏むことなく正しいレールに乗れるのなら、それは読者にとってありがたいことだと言えるのではないか。

　さてもうひとつ、本書で一番重要な箇所は、私の見たところ第13章である。カーはこの章で、本来は手段であるはずのトレードがいつのまにか目的化してしまい、投資家がトレード依存症となることの危険性を指摘している。投資家が投資やトレードを行う目的は多様であり、一部の参加者は文字どおりギャンブルとしてトレードを行う。そして、そこでの刺激や興奮をより強力に充足するような環境を提供しようとする主体も存在する。もちろん、一般にギャンブルを楽しむことそのものは単なる趣味の問題であるし、他人からとやかく言われることでもない。しかし、本人がそれと知らずして依存症に陥ることは不幸以外のなにものでもない。本書に書かれた警告を過小評価されないことを切に望むものである。

　翻訳に当たっては以下の方々に心から感謝の意を表したい。翻訳者の山下恵美子氏は丁寧な翻訳を実現してくださった。そして阿部達郎氏にはいつもながら丁寧な編集・校正を行っていただいた。また本書が発行される機会を得たのはパンローリング社社長の後藤康徳氏のおかげである。

2012年12月

長尾慎太郎

監修者まえがき	1
謝辞	7
プロローグ──本書が類書と異なるわけ	9

序論　ミクロトレンドトレードとは？　　11

　今回は様子が違う　14
　苦労して学ぶ　19
　マナの原理　25
　ミクロトレンドトレードの定義　28

<u>第1部　準備編</u>

第1章　ミクロトレンドトレードのワークステーション　　33

　必要なハードウエア　33
　チャート作成パッケージ　35
　ISPとOLB　41

第2章　ミクロトレンドトレードに打ってつけの市場　　45

　VIXの上昇　45
　王のなかの王、ベータ　48
　新たな市場──ETF　52
　ミクロトレンドトレードの候補を選ぶためのスクリーニング　56
　先物のミクロトレンドトレード　57
　次のステップへ　58

第3章　ミクロトレンドトレードを成功に導くための5つのステップ　　61

　10％の聡明な人　62

トレード計画の５つのステップ　64
　　10－10－80計画の設定　86

第４章　注文の種類、損切り、手仕舞い目標　89
　　システム開発について一言　89
　　バックテストについて　90
　　実際のお金を使ったリアルタイムトレード　93
　　トレード用語とポジション管理　94
　　買い注文と売り注文　95
　　損切りの４つの方法　97
　　利食いの設定　103
　　さあ、仕事に取り掛かろう　105

第２部　ワンデイ・ミクロトレンドシステム

第５章　ブレッドアンドバター・システム　109
　　ブレッドアンドバター・システムの概要　110
　　ブレッドアンドバター・システムのパラメーター　112
　　ブレッドアンドバター・システムの実例　114

第６章　５分トレンド・トレードシステム　121
　　５分トレンド・トレードシステムの概要　121
　　５分トレンド・トレードシステムのパラメーター　123
　　５分トレンド・トレードシステムの実例　125

第７章　VIXリバーサルシステム　131
　　VIXリバーサルシステムの概要　133
　　VIXリバーサルシステムのパラメーター　135
　　VIXリバーサルシステムの実例　137

第8章　ランチタイムスキャルピング・システム　145

ランチタイムスキャルピング・システムの概要　147
ランチタイムスキャルピング・システムのパラメーター　150
ランチタイムスキャルピング・システムの実例　153

第9章　アフタヌーンリバーサル・システム　157

アフタヌーンリバーサル・システムの概要　158
アフタヌーンリバーサル・システムのパラメーター　162
アフタヌーンリバーサル・システムの実例　166

第3部　マルチデイ・ミクロトレンドシステム

第10章　オーバーナイトトレード・システム　177

オーバーナイトトレード・システムの概要　179
オーバーナイトトレード・システムのパラメーター　181
オーバーナイトトレード・システムの実例　190

第11章　スナップバック・ボリンジャーバンド・システム　195

スナップバック・ボリンジャーバンド・システムの概要　196
スナップバック・ボリンジャーバンド・システムのパラメーター　200
スナップバック・ボリンジャーバンド・システムの実例　203

第12章　ターン・オブ・ザ・マンス・システム　211

ターン・オブ・ザ・マンス・システムの概要　213
ターン・オブ・ザ・マンス・システムのパラメーター　220
ターン・オブ・ザ・マンス・システムの実例　221

第4部　補遺

第13章　トレードとはギャンブルなのか　　227
　依存症の危険なサイン　229
　依存症にかからないための方策　234

第14章　最後のことば　　239
　トレーダーへの祝福のことば　240

謝辞

　いかなる本も多くの人の支えがあってこそ実現するものだ。私の場合も多くの人の寛大な心と支援に支えられた。この場を借りて感謝の意を表したい。まずは、心優しく助言してくれた妻のアイナ。執筆に忙しくて遊んであげる時間がなくても応援してくれた2人の娘、ナターシャとナディア。祈りを捧げてくれ励ましてくれたフロントライン・ワーシッピ・センターの友人たち。そして忘れてはならないのはマグロー・ヒルの優秀な編集チームだ。締め切りを過ぎても忍耐強く待ってくれ、プロ意識が非常に高い彼らの存在がなかったならば本書が日の目を見ることはなかっただろう。

プロローグ——本書が類書と異なるわけ

　あなたがなぜこの本を買ったのか理由は分かっている。おそらくは私がトレードの本を買うのと同じ理由だろう。株やオプションや先物などをどのように買い、どのように売れば利益が出るかを知りたいからだ。しかも、市場の状態にかかわらず、常に利益を出せる方法を知りたいと思っている。要するに、あなたは儲かるトレードシステムの詳細を教えてくれる本が欲しいのだ。そしてこれらのシステムは市場のあらゆる状態に適合するほど高度なものであってはほしいけれど、トレードの方法が分からないほど複雑なものであってほしくはない。さらにしっかりとした実績のあるシステムであってほしいと思っている。

　一方、あなたがこれまでに買ったトレードの本にイラついている理由も分かっている。おそらくは私が半分読んで投げ出したトレードの本と同じ理由だろう。要するに、一般的なことに関しては長々と説明しているが、特殊なことに関しては舌足らずで説明不足なのだ。トレードの成功話で気を引く一方で、その成功を再現する方法については書かれていない。最も困惑するのは、あなたがすでに知っていることを長々と説明していることではないだろうか。インディケーターやトレンドライン、ローソク足、価格パターンなどをくどいほど説明している。これらについてはあなたはすでに知っているか、知らなくても、こういう題材について学習できる無料のオンラインサイトはたくさんある。

　あなたがトレードの本に求めるものは、おそらく私が求めるものと同じだろう。著者がトレードで利益を上げるその方法を正確に迷うことなく再現する方法を、多くの実例とバックテストによる結果とともに提示してくれるステップバイステップのマニュアルなのだ。ハレル

ヤ！　あなたの探求の旅はようやく終わった。今あなたが手にしているのがまさにその本なのだ。私たちが今直面しているボラティリティの高い市場で日々利益を得るための方法を探しているときに、だれかがこのような本を書いてくれたらどんなによかっただろう。

序論

ミクロトレンドトレードとは？

INTRODUCTION - What Is Micro-Trend Trading?

　この序論では現在の市場状態を踏まえて超短期トレードの重要性について述べたいと思う。今後5年、10年、いやおそらくは20年にわたって、一貫して利益を上げる唯一のトレード形式が超短期トレード——私がミクロトレンドトレードと呼ぶもの——であると、私は確信している。理由はこの序論を参照してもらいたい。

　その昔、超短期トレーダーはニューヨークやシカゴのピットの中でしか見ることができなかった。彼らは価格が上下するたびに大声で注文を入れた。一方、日中の市場データにアクセスできず、法外な手数料を要求される一般トレーダーはバイ・アンド・ホールド戦略に甘んじざるを得なかった。しかし、電子通信ネットワークの発展とオンライン専用のディスカウントブローカーの出現によってすべてが変わった。これによって新たな市場参加者が誕生した。一般投資家の「アクティブトレーダー」である。1990年代後半の上げ相場でこの動きは一気に加速した。理髪店主は髪を切る合間を縫ってトレードし、タクシードライバーも客を乗せる合間を縫ってトレードしたほどだ。しかし、現実は甘くはなかった。10人のアクティブトレーダーのうち9人が2001年の株価大暴落で破産したのだ。幾ばくかの資金が残っている者は重い体を引きずりながら「長期戦」に舵を切った。

　ところが、数カ月前、状況は一変した。この序論を執筆している時

点では、米国経済は長きにわたる大不況からようやく脱しようとしているところで、何十年にもわたる操業の歴史を誇る巨大企業のいくつかは倒産し、FRB（連邦準備制度理事会）は金利をわずか25ベーシスポイントにまで切り下げ、政府の赤字は1兆ドルを超え、専門家はドルの崩壊を予言し、人々は生き残りをかけて金の現物買いに走っている。こうした壊滅的状況と軌を一にして、S&Pとダウ工業株平均は長期にわたる支持線を割り込み、過去12年の安値を更新したが、何とか回復した。2008年だけでも、S&Pブロードマーケット指数からは18兆ドルもの時価総額が失われた。つまり、最近の市場は急激に回復したものの、われわれは極めてボラティリティの高い市場環境にいるわけであり、これは終わる気配はない。「バイ・アンド・ホールド」体制は今まさに死すべき運命にあるようだ。

　最近の市場は歴史的に見て、2つの独特の特徴を持つ。第一に、動きが速い。世界大恐慌のときに市場は88％下落したが、それは3年以上の歳月を要した。1970年代初期の50％の下落は2年半かかった。1990年代の上げ相場の崩壊は2000年中盤に始まり、2003年初期にようやく終わった。今の場合、2007年の高値（S&Pの場合、1576ポイント）から53％下落するのにわずか8カ月しかかからず、その大部分は2008年の秋に6週間売られ続けたことによる。

　下落のスピードもさることながら、驚くのはボラティリティの高さだ。市場ボラティリティは通常、VIX指数（ボラティリティインデックス）によって測定される。VIX指数とはS&P500を対象とするオプション価格の値動きを元に算出される加重指数だ。投資家がS&Pの価格が大きく動くと予想すれば、期先オプションの価格、ひいてはVIX指数は上昇する。VIXの値が30を上回るとき、S&P市場は普通以上に大きく動くことが予想される。例えば、9.11同時多発テロのあと、VIXは44近くに迫り、2002年の下げ相場の底ではVIXは45を上回った。しかしこれは驚くに当たらない。2008年10月、S&Pが急落すると、

VIXは何と歴史的な高値である90近くまで上昇したのだ！ 2009年の下げ相場で市場が一時的に上昇すると、VIXはおよそ1カ月にわたって20を下回ったが、そのあとは前代未聞の27週間にわたって40を上回った。

2008年から2009年の株価暴落を牽引したのは、信用枠の縮小、住宅バブルの崩壊、原油と商品価格の高騰だ。これを受けて、世界最大級の金融機関などが破綻した。ベア・スターンズ、ファニーメイとフレディマック、AIG、ワシントンミューチュアル、リーマンブラザーズ、GM（ゼネラル・モーターズ）などがそうだ。そして、シティーグループ、ゼネラル・エレクトリックと残る2つの自動車メーカーはあわや破綻という憂き目を見た。あまりよく知られていないのは、いかにして事態を好転させたかである。これは世界大恐慌以降見られなかった動きだが、連邦政府は水面下で破綻した企業のいくつかを買い取った。米国の納税者は米国一の保険会社と、米国一の貯蓄貸付組合と、自動車会社の所有者になったわけである。ビジネス上の資金の流れをスムーズにし、消費者信用を失墜させないという明確な意図をもって行った連邦政府の気前の良い処置は最後には勝利を収めるかもしれない。しかし、多すぎる負債によって引き起こされた危機が、さらなる負債を重ねることで果たして解決できるのかという疑問が残る。

この序論を書いている最中の2010年中盤、再び下げ相場がやってきた。とりわけ、メキシコ湾の原油流出事故、ギリシャ経済の破綻、銀行改革法案によってVIX指数は再び上昇した。これを期に、ボラティリティは4年連続して上昇した。今後数年間は標準を上回るボラティリティに立ち往生することは間違いない。だからこそ、ミクロトレンドトレードを学んで着実な収入を手にすることが重要なのである。

今回は様子が違う

　下げ相場は株価市場が上昇する過程で必然的に現れる現象だ。下げ相場は人々が予期しないときに現れ、長く居座って被害を与え、予期しないときに消える。歴史を理解し、莫大なリターンを切望する投資家は下げ相場が大好きだ。これまで大きく下げた相場は「売買」の機会を与えてきたからだ。もしあなたがこの本を2020年に読んでいるとすると、おそらくは2008年から2009年の株価大暴落を百万長者への布石と見るだろう。1932年、1942年、1949年、1953年、1962年、1974年、1987年、あるいは1991年の下げ相場のあと安全なブルーチップ銘柄に5万ドル投じていれば、7年以内に100万ドル稼ぐことができたはずだ。

　しかし、今回は様相が違うとすれば？　市場が5年、10年、あるいは20年以内に高値を更新しないとすれば？　われわれの指導者が教えてくれたインデックスのバイ・アンド・ホールド戦略がもはや機能しないとすれば？　FRB前議長のアラン・グリーンスパンが最近議会で言ったように、「自由市場の知的体系は2008年夏に崩壊した」（アラン・グリーンスパンは2008年10月23日、ワシントンDCで開かれた議会の委員会のヒアリングでこう述べた）とすれば？

　将来の市場価格に対するすべてのリスクは測定可能で、現在価格は当然ながらそのリスクを反映するように調整されるとする「効率的市場仮説」に対し、市場のボラティリティはその仮説のほころびを補完するとみなされてきた。市場ボラティリティは測定できないリスクのその部分を明らかにするものである。最近ある解説者はこれを「真の不確実性の残余部分」（ロバート・スキデルスキー「The Remedist」、『ニューヨーク・タイムズ』2008年12月14日付け、21ページ）と言った。明示的に知ることのできない何かがまだ価格に織り込まれていないことをボラティリティは警告する。これは、ヘッジ戦略を使え、資金を安全な場所にシフトせよ、セクターを巡回せよというマネーマネ

ジャーへのシグナルなのである。その一方で、高給取りのアナリストたちは原因究明のために多大な時間を割く。そして、彼らの究明した要因がCNBCで流される。

　しかし、現在の市場の混乱が修正不可能だとすれば？　2008年の株価大暴落が今や十分に立証されたイベントによって引き起こされたことは確かだ。カオスの裏にも、いくばくかの合理性が存在する。しかし、知ることのできない何かが存在するのも確かだ。すでに無用となったものに固執するのは、日ごと大きくなる不確実性と計り知れないリスクへの恐れの表れである。ファンダメンタルズをベースとする投資の伝統的なアルゴリズムが無力と化すのは、この「不確実性の残余部分」が存在するからである。

　2008年は多くの投資の格言が崩壊する年となるだろう。「分散化はリスクを軽減する」（資産クラスに安全なものはない）、「米国がダメなときは海外に目を向けよ」（海外市場はほぼ百パーセント米国市場と相関がある）、「価格は成長に従う傾向がある」（最もこっぴどくやられたのは成長株セクター）などはもはや通用しないのだ。

　ここで提唱したいのは、投資の情勢は変わった、ということである。おそらくは今後長きにわたって変わる。今回は様相が違う。古い法則はもはや通用しないのだ。

　次のことを考えてみてもらいたい。

●生きている最も成功した投資家であり、長期投資を基本とするバリュー指向の伝統主義者であるウォーレン・バフェットはこの市場で大きな打撃を被った。世界最大の投資持株会社であるバークシャー・ハサウェイは2007年、設立以来40万パーセントという高いパフォーマンスを上げていたが、2008年にはその利益は半減した。バークシャーが蓄積してきた純資産価値のうち2000万ベーシスポイントが３カ月で帳簿から消えた。株価はかなり回復したものの、日々の

変動は依然として激しい。かつては堅実に株価を上げてきたバークシャーだが、ここにきて日々の上下動の激しさは目を見張るものがある（これは長期にわたるバークシャーの株主にとっては不安の種）。
● 2008年10月17日、バフェットは『ニューヨーク・タイムズ』に次の論説を書いた──「私は１つのシンプルなルールにのっとって買う。そのルールとは、他人が貪欲なときには恐れ、他人が恐れているときには貪欲になれ、というものだ。今は間違いなく恐れが蔓延している」。無価値な言葉とは言わない。バフェットのバークシャー・ハサウェイはゴールドマン・サックスの普通株を１株当たり115ドルで購入できるワラント50億ドルを取得した。『ニューヨーク・タイムズ』の論説が出たとき、ゴールドマン・サックスは110ドルで取引されていたが、わずか５週間後、ゴールドマン・サックスの株価は46.98ドルの安値を付け、バフェットの投資の60％以上が消滅した。「ルールその１」が「損をするな」である男が巨額の損失（少なくとも含み損）を出したのである。
● 成功したマネーマネジャーであり、成長株の専門家であるルイス・ナベリアは2008年、彼自身の成長の評価基準に基づいていくつかの市場予測を行った。それらの市場予測はすべて間違いだった。2008年６月、毎週更新されるブログに「原油株に関しては強気だ」と書き、オクシデンタル・ペトロリアム（OXY）、キャメロン・インターナショナル（CAM）、ブラジル石油公社（PBR）を推奨した。４カ月後、これら３つの株はそれぞれ55％、72％、78％下落した。７月、ナベリアは「肥料株に大きな賭け」をしていることを公表し、ポタッシュ・コーポレーション（POT）が一番の買いであると推奨した。しかし、11月には肥料指数は57％下落し、第一の下げ要因であるポタッシュは77％下落した。2008年８月下旬、ナベリアのブログは「住宅市場の修正局面は終わった」というヘッドラインで始まった。しかし、ダウ・ジョーンズ不動産指数は65％下落した。成長を測る従

来のものさしが機能しなかったのは確かである。
●ジム・ロジャーズは1970年代にジョージ・ソロスとともにクオンタムファンドを設立し、1990年代には商品市場が強気相場のときに大儲けしたことで名を上げた。しかし、市場崩壊の数カ月前、彼は悲観論者に身を転じた。「とても不安だ」と2008年2月のインタビューで言った。「しばらくは言いようのない不安にかられていたが、今、事態は予想をはるかに超えて悪化しているように思える」。ロジャーズにとって、FFレートの125ベーシスポイントの切り下げに続き、1兆ドルの支出法案が議会を通過したことは、経済が必要としている規律あるアプローチをわれわれが選んだリーダーが提供しないことを示唆するものであった。「景気後退、厳しい時代、ドル安、インフレとわれわれはかつてないほどの苦境のなかにある。しかし、事態はますます悪化するのではないかと不安だ」と彼は言う。「バーナンキはお札を大量に刷っている。彼はもはや手に負えず、FERも手に負えない状態だ。おそらくは第二次世界大戦以来の大不況に見舞われるだろう。大変な醜態だ」（ブライアン・オキーフ「It's Going to Get Much Worse」、『フォーチュン』2008年2月3日号から引用）。ロジャーズはこれらのコメントを海外から発表した。2007年12月、ロジャーズはマンハッタンの1580万ドルのアパートを売り、ビジネス拠点をシンガポールに移し、家族とともに移り住んだ。彼は正しかった。今われわれは世界大恐慌以来の長期にわたる不況の最中にいる。
●FRBのバーナンキ議長と財務長官のティム・ガイトナーは健全な投資原則をまったく知らないわけではない。バーナンキはMIT（マサチューセッツ工科大学）で経済学の博士号を修得し、2002年にFRB（最初は理事、後に議長）に入行する前、長年にわたってプリンストン大学で教鞭を取っていた。一方のガイトナーはクリントン政権で財務関連職を歴任し、発展途上国への戦略的投資を成功さ

せた。ガイトナーとバーナンキは経済界の殿堂入りした著名人とともに、倒産の危機にある企業のいくつかは「大きすぎて潰せない」とオバマ大統領に助言した。そしてGMに500億ドル出資するように説得した。GMの当時の時価総額はおよそ1500億ドルだったが、年金契約における未払いを含めると200億ドルというのがより正確な評価額だった（クリス・アイザドール「What Is GM Worth?」、CNNMoney.com、2009年5月28日）。FRBがGMを初めて買ったとき、株価はおよそ4ドルだった。それから株価は0.27ドルにまで下落した。つまり、米国の納税者のお金が97％失われたということだ。それから間もなくGMは上場廃止となった。現在GMは破産手続き中である。GMは「ピンクシート」銘柄としておよそ50セントで売買されている。経済界の良識などくそくらえだ。

バフェットやナベリア、ロジャーズ、バーナンキ、そしてガイトナーといったベテランでもこの市場をとらえるのに手をこまねいているというのに、どうしてわれわれのような一般市民がとらえることができようか。古いルールにとらわれていてはダメだと私は思う。しかし、古い習慣はなかなか消えない。物事がうまくいかないとき、過去にうまくいったことに戻るのは人間の本質だ。その好例が、2009年にベストセラーになったベンジャミン・グレアムの古典**『賢明なる投資家』**（パンローリング）という投資の本だ。最初に出版されたのは60年も前で、配当を重視した長期バリュー投資のバイブルとなっている。素晴らしい本であり、深遠なる英知に満ちあふれている。しかし、これから5年、10年先にはこれはもはや通用しないだろう。現代ポートフォリオ理論は40年以上にわたって401kを最大化しようとする投資家にはまだ通用するが、今のような市場、経済、政治環境では何の役にも立たないだろう。

2009年6月2日の論説に政治評論家で投資家でもあるベン・スタイ

ンは次のように書いている。

> 「今回は様子が違う」――これは資産管理の世界では最も危険な言葉だ。なぜなら「今回」はほとんどいつも同じだが、問題は、今回、つまりこの特殊な金融危機では、様子が本当に違うように思えるということだ。少なくとも私にとっては違う（ベン・スタイン「Why This Time Feels Different」、Yahoo! Finance、2009年6月2日）。

私はベン・スタインと同意見だ。今回は様子が「違う」のだ。世界大恐慌を思わせる失業率にGDP（国内総生産）の縮小。でも、われわれは大恐慌から立ち直った。今、1970年代に見たようなスタグフレーションが差し迫っている。でも、われわれはスタグフレーションからも立ち直った。政府は政策と企業の支払い能力を維持するためにお札を大量に刷っている。でも、これは以前にもあったことであり、われわれは立ち直った。しかし、1兆円の赤字財政支出（最近議会を通過したヘルスケア法案を含む）、カリフォルニアくらいの大きな州やギリシャくらいの大きな国が破綻し、法人税と消費税は上昇、高齢者は退職基金も社会保障もなく人生を終えなければならず、中国のごとき国が米国の不動産、企業、バスケットボールチームさえも買おうとしている（「Chinese Investors To Take Minority Stake in Cleveland Cavaliers」、『ウォール・ストリート・ジャーナル』2009年5月26日号）というような事態に同時に遭遇するというようなことが、これまでの歴史であっただろうか。

苦労して学ぶ

こうした新たな市場状態に立ち向かうのに必要なのは新しいアプロ

ーチである。私が必要に迫られてこの新しいアプローチを開発したいきさつを聞いてほしい。哲学と宗教を教えていた私がトレードの仕方を教えるようになったいきさつについては、前著『トレンド・トレーディング・フォア・ア・リビング（Trend Trading for a Living）』の序論で述べた。この序論は私自身とほかの人たちがトレードで成功することを見越して、明るいムードのなかで幕を閉じた。

同書を出版したあと、多くのパートナーシップが提示された。なかでも最も魅力的だったのは、名前は明かさないが、よく知られたウォール街のリサーチ会社からのものだった。この会社は何十年にもわたりすべての株式公開企業を独自の評価基準でランク付けしてきた。この会社のランク付けの実績は実に素晴らしい。私へのオファーは簡単なものだった。私のウエブサイト（http://www.Befriendthetrend.com）と私が出版するもののすべてでこの会社のことを述べる代わりに、この会社のパワフルなスクリーニングツールを使わせてくれるというものだった。私は、まず準備に若干の時間を必要とする旨を述べて、この契約に条件付きで同意した。

この会社のパワフルなサーチエンジンをフル活用するために、私は３カ月かけてファンダメンタル分析についてがむしゃらに勉強した。実務をしたことがないテクニカルアナリストとしては、ファンダメンタルな情報からトレードシステムを構築することはかなり難しいことは分かっていた。それで私は綿密なリサーチをすることにした。専門家を雇い、世界の偉大な投資家について書かれたあらゆるものを読んだ——バフェットにナベリア、ピーター・リンチ、マーティン・ツバイク、ジョン・テンプルトン卿、フォスター・フリース、ウィリアム・オニール。読みながらメモを取り、肝要な要素がどこで堅牢なマーケットリターンと関連するのかを記録した。その結果が次に述べる15のファンダメンタルなパラメーターだ。これは定量化でき、サーチエンジンに機械的にプログラミングすることができる。

- ●価格レシオ
  - PEGレシオ＜1.0
  - PSR（株価売上高倍率）＜3.0
  - PER＜S&P500のPER×1.5

- ●ROE（株主資本利益率）とROIC（投下資本利益率）
  - ROEの5年平均＞15％
  - ROE＞業界平均
  - ROIC＞15％

- ●EPS（1株利益）の成長率
  - 四半期ごとのEPSの成長率＞20％
  - 四半期ごとのEPSの成長率＞年ごとのEPSの成長率
  - 四半期ごとのEPSの成長率＞S&P500のEPSの成長率×1.25

- ●収益の成長率
  - 収益の5年の成長率＞0％
  - 四半期ごとの収益の成長率＞20％
  - 四半期ごとの収益の成長率＞年ごとの収益の成長率

- ●利益指標
  - 会計年度の上昇予測＞5％
  - 最近の四半期のサプライズ＞5％
  - 前の四半期以降の業績上昇予測

　これらのパラメーターに加え、スクリーニングで10社以上を返してきたら、私は任意のハードルを設定する。これらのハードルには、負

負債比率が低いこと、売上高利益率が高いこと、フリーキャッシュフローがプラスであること、レラティブストレングスが平均以上であることが含まれる。この会社の巨大なデータベースを使い、リバランスと損失管理のアルゴリズムをバックテストで最適化することで、私はこれらの数字をメカニカルなシステムに組み込むことで、おかげで莫大な利益をもくろむことができた。ある5年間の検証では、このスクリーニングは単利で127％の平均年間リターンをたたき出した。「聖杯」を見つけたような気分だった。

　この新しいシステムで実際のお金を使ってトレードを開始する前に、私はスクリーニングをパスした企業に対して相当に厳しいルールを設けた。敬虔なるクリスチャンとして、主たるビジネスが聖書のモラルを外れているような企業の株は買いたくなかった。顧客を尊重し、労働者を守り、透明性を重んじるといった商道徳のない企業の株は買わなかった。人命を守らない組織に慈善寄付をするような企業もリストからは削除した。こうしてトレードへのまったく新しいアプローチを立ち上げる準備が整った。

　2008年3月、ニュースレターの購読者がフォローできるように、「トレンドトレード」と「チープストック」というニュースレターで2つのポートフォリオを立ち上げ、私自身も自分のお金をこれらのポートフォリオに投資した。私のポジション管理法は単純なものだった。毎取引日の終わりにスクリーニングを実行して、フル投資になるまで新たにパスした企業を加えるというものだった。フル投資に達すると、スクリーニングを1カ月に1回実行して、リバランスを行った。スクリーニングから外れた株は売り、成長の可能性が最も高い候補と入れ替えた。こうしてトレード・投資のビッグリーグへのチケットと思えるものを私は運用した。

　あとで分かったことだが、2008年3月は基本的成長の評価基準に基づいて買いオンリーのシステムでトレードを開始するのに打ってつけ

の時期だった。S&P500はベア・スターンズの破綻と住宅市場の急落というニュースを受けて、過去5カ月間で20％下落し、今、200週移動平均線から反発する時期に来ていた。そして実際に反発した。3月から4月にかけてS&P500は15％上昇し、5月に5カ月の高値を更新した。強気のアナリストたちはニュース番組に出まくって、経済は回復した、住宅危機は底を打った、信用危機は誇張されすぎ、米国の消費者は依然として「消費」傾向にあるといったことを主張した。だが、こうした主張がすぐに藻屑と消えることになろうとは、われわれの大部分は気づかなかった。

　市場が回復してからの10週間はすこぶるうまくいった。4月、5月とわれわれは素晴らしいリターンをたたき出し、6月も好調なスタートを切った。この成功で本の売り上げが伸びると私のサービスに注目が集まり、新たな顧客も多く獲得した。「ビーフレンド・ザ・トレンド・トレーディング」はすべてが順調だった。しかし、それは嵐の前の静けさにすぎなかった。

　今にして思えば、2008年5月の高値がもっと良いことが起こる兆しだと思っていたことはとんでもない間違いだった。前にも述べたように、急上昇にだまされたのは私だけではなかった。しかし、次に起こったことに関しては言い逃れはできない。私が使っていたテクノファンダメンタルシステムは損切りを置いていなかったのだ。月1回のリバランスは大きな損失に対する損切りの役割を果たしていた。なぜなら振る舞いの悪い株はスクリーニングからすぐに外されてしまうからだ。だから、月1回リバランスしているかぎり、システムは壊滅的な損失を防いでくれるものだと思っていた。事実、バックテストはすべて損切りなしで行い、その素晴らしい結果に私は自分のアプローチの正しさを信じて疑わなかった。

　この愚かな過ちは私のトレードキャリアにあわや終止符を打つところだった。2008年5月に若干の修正があったが、これが私独自の「ト

レンドトレード」買いシグナルの多くを生みだした。当時私が使っていたすべてのインディケーターは「押し目買い」ムード一色だった。新しいハイブリッドスクリーニングが良さそうに見える候補を挙げてくるなか、私は5月の終わりに多くの負けトレードを手仕舞って、新たに仕掛けた。ボラティリティが高く、ほとんど買いのポートフォリオだったにもかかわらず、6月には素晴らしいリターンを上げた。これに気をよくして、ポジションサイズを増やした。もちろんそれは上げ相場から下げ相場へと転じるときだったことは言うまでもない。6月の終わりから7月の初めにかけてS&P500は数年来の安値を更新し、私は崖の先端にぶら下がっている状態だった。2008年夏、市場の下落によって私の新しいシステムはブレークイーブンに押し戻された。でも、私にはまだ自信があった。結局、イーブンで、市場は新たな安値を更新した。私の自信が上昇したのは7月の終わりから8月にかけてだった。市場が少しだけ急上昇したのだ。まだ希望は捨てなかった。

　2008年9月1日、ポートフォリオをすべて手仕舞う羽目になった。持っていたすべてのポジションがスクリーニングをパスしなかったからだ。再びフル投資になるまでに2週間以上かかった。これ以上最悪のタイミングはなかった。2008年9月7日、政府がファニーメイとフレディーマックに対する緊急支援策を発表したのだ。そして2008年9月15日、リーマンブラザーズが破産申請し、バンクオブアメリカが株式交換でメリルリンチを買収した。2008年9月16日、政府はAIGに850億ドル融資すると発表した。これは第3四半期の市場にとって、そして私のトレード口座にとっても大打撃だった。

　しかし、それは始まりにすぎなかった。2008年10月3日、総額7000億ドルの不良資産救済プログラム（TARP）が議会を緊急通過した。その週だけでS&P500は25％下落し、私の保有残高も下落した。その月の終わりにはボラティリティは恐ろしいほどに上昇し、ゆくゆくは2008年11月の集中売りの第二波を招くことになる。混乱が収まったと

き、S&P500は2007年10月には1576ポイントの史上最高値を更新したところだったが、わずか1年後には741ポイントという数十年来の安値まで下げ、666という不吉な水準で底を付けた。実に60％の下落である。分散化していなかった私はさらなる打撃を被った。深い穴にころがり落ちたような気分になり、もうはい上がれないのではないかと思った。

　この下落で私がパートナーシップを組みたいと思っていたウォール街のリサーチ会社も打撃を被った。リサーチ会社は数多くの幹部役員のレイオフを余儀なくされた。そのなかにはわれわれのパートナーシップのお膳立てをしてくれた人も含まれていた。結局、私の電話に答えてくれる人も、メールに答えてくれる人もいなくなってしまった。まだ契約は成立していなかったため、その会社のリサーチツールの使用を中止するのは自由だった。かくして、ファンダメンタルズをベースとするトレードをマスターするという望みは断念した。

マナの原理

　朝の勤行として聖書の1章か2章を読むことは私の長年にわたる日課だ。このペースでいけば、3年ごとに聖書を読破することができる。私の新しいシステムが破綻した2008年10月初期、私は出エジプト記を読んでいた。これはエジプトで奴隷としてしいたげられていたユダヤ人をモーセが率いて脱出させるという物語である。

　S&P500は自由落下モードにあり、その週だけで18％も下落した。2008年10月10日の金曜日、市場は前日にギャップアップで寄り付いたあと7％も下落し、その日はギャップダウンとなり、3つの指数先物も大きく下落した。第16章の出エジプト記を読み始めたのはその日の朝だった。ユダヤ人たちはモーセの指揮の下、当てもなく灼熱の砂漠を歩き回ることに疲れてきていた。そのとき、彼らはエジプトで奴隷

としてしいたげられていた日々を思い出した。

　　奴隷として働くことは確かに辛かった。でも、少なくとも食べ物だけはたくさんあった。神はまるでこの「不毛の地」で飢え死にするために奴隷から解放してくれたように彼らには思えた（出エジプト記　第16章３）。

　私はシナイ砂漠に行ったことがある。いろいろな意味で見ごたえがあった。地震で隆起した岩が地形に官能的な輪郭をかもし出していた。乾燥して澄んだ空気のため、夜空には信じられないくらいいろいろなものが生き生きと浮かび上がっていた。しかし、それもわれわれの惑星の一部にすぎず、月面の光景によく似ている。「不毛」とはその場所がいかに荒涼としているかを表すものではない。しかし、神の選んだ道に導こうとするモーセの誠実な努力にもかかわらず、ユダヤ人たちが「不満」を抱くのはよく理解できる。

　聖書のなかでよく起きることだが、神は物事がうまくいかなくなると親切に手を差し伸べてくる。神は彼の民に「天からパン」を与えたことを彼の民が不満に思っていることを見落とした（出エジプト記　第16章11～12）。聖書ではこのパンのことを「マナ」と言う。マナの語源は不明だが、「一体それは何なのだ？」（F・ベクテル「マナ」、『The Catholic Encyclopedia』New York: Robert Appleton Company, 1910）といった意味を持つヘブライ語が由来だと言われている。神は飢えた人々の前に幅が1.5キロほどもあろうかと思われる粘り気のある甘い霜のカーペットを引く。そして人々はまず最初にレシピを尋ねるのだ。

　しかし、そこには制約があった。ユダヤ人たちは３つの単純なルールを観察して、神の意志に対する服従を学ぼうとしていた。その３つのルールとは、マナは朝にだけ集められる、マナは朝まで残しておい

てはならない、マナは安息日には集められない、だ。

　この節を読んだとき、胸がドキドキした。何だか訳は分からないが、この話を通じて神はトレードについて私に何かを語ろうとしているのだと私は思った。誤解しないでもらいたいのだが、私は神が謎めいた聖書の暗号のようなもので秘密のトレードシステムを教えてくれようとしていたなどとはこれっぽっちも思ったことはない。神の言葉は神を信じる者にとっては強力な力であり、これによって神を信じる者は神の心により一層近づくことができる。しかし、おのれの欲のために神の言葉の力を利用しようとするのは大バカ者のやることである。

　しかし、私は神はこの節を通じて私の心に重要な原理を刻印しようとしていたのではないかと感じた。私のトレードに革命を起こすような原理を。毎朝食べる肉であるマナのように、新たな日は新たな市場機会をもたらす。朝まで残しておくと腐るマナのように、市場機会も夜間のボラティリティによって翌日には消えてしまう。神はまたユダヤ人たちに、自分と家族が必要とするだけのものを取りなさい、と命じた。そして、「多く集めた者は余らず、少なく集めた者も不足しなかった」（出エジプト記　第16章16〜18を参照）と付け加えた。つまり、「貪欲になるな」ということである。

　その朝、出エジプト記の第16章にしたがって、トレードするときに神が私に考慮しなさいと思っていると思われる4つの原理を書いた。

1．今の市場状態を考えると、時間枠を短くするのがベスト
2．短期間のうちに得られる小さな利益に満足せよ
3．市場が利益を提供してくれるときに利食いせよ——特に朝の時間帯は利食いの絶好のチャンス
4．オーバーナイトしたい気持ちにあらがえ

　こうして生まれたのがミクロトレンドトレードである。このあと詳

しく解説するが、おそらくこのトレード形態はこれから何年にもわたって利益を生みだす数少ないトレード形態のひとつになるだろう。

ミクロトレンドトレードの定義

　私は新たな目的意識を持って、聖書からインスピレーションを得たこれらのトレード原理をすぐに利益の出る短期トレードシステムにすることを目指して開発に乗り出した。これらのシステムが準拠すべき4つの重要な基準は以下のとおりである。

1．バックテストとリアルタイムトレードのいずれにおいても堅牢でなければならない
2．あらゆる市場状態で頻繁にセットアップを提供するものでなければならず、簡単にトレードできるものでなければならない
3．5日以上保有してはならない――ただし、もっと良いのは1日トレード
4．他人に教えることができるように、百パーセント、メカニカルなものでなければならない

　ミクロトレンドの「ミクロ」とは、ほとんどの場合、見るのは日中トレンドや日中のパターンであることを意味する。常にこうとは限らないが、われわれが見るトレードデータはわずか3日分、あるいはそれ以下である（3日以内の短期マルチデイトレードはマナの原理に合っている。なぜなら、ユダヤ人たちは安息日にはマナを集めないように命じられたからだ。つまり、金曜日の朝に集められたマナは奇跡的に日曜日まで持つだろうということである。これが聖書でいうところの3日である）。ミクロトレンドトレードでは、経済的、地政学的、イベントドリブンなトレードの日々のノイズを超えて、比較的正常な

時間枠で利益を得ることを目指す。この２年にわたって見られたように極端にボラティリティが高いとき、スイングトレードやポジショントレードに打ってつけの持続可能なトレンドはなかなか見つけられない。そんなとき、表面を掘り下げる、つまり寄り付きと引けの間の空間に注目することで、機会を見つけることができる。ミクロトレンドは、混沌とした市場のなかにある、小さな、通常は隠された、合理性のポケットなのである。

ミクロトレンドトレードでは、１つのトレードから得られる利益は長期トレードに比べると非常に少ないことを認識する必要がある。ミクロトレンドトレードではトレード資金に対して１％のリターンであれば理想的な利益と言える。例えば、50ドルの株なら、１株当たり0.50ドルである。しかし、ほとんどの場合、これより少ないのが普通だ。その代わり損失は非常に少なく、勝率は高く、大きなポジションサイズが可能で、仕掛けるトレードの数は多い。利益の少なさは、健全なミクロトレンド戦略で要求されるこれらのことで埋め合わせできる。損失を含め１トレード当たりの平均利益は通常0.15〜0.4％である。手仕舞ったトレードの通常の勝率は60〜70％である。バイ・アンド・ホールドのトレーダー、ポジショントレーダー、スイングトレーダーの場合、１トレードにつき口座資金の10％以下を投資するのが普通だが、ミクロトレンドトレーダーは信用取引を使って１トレードにつき口座資産の50％以上を投資する（信用取引とは金利を払ってブローカーからトレード枠を借りること。この枠を使ってトレードする）。負けトレードは素早く手仕舞って、勝ちトレードはトレーリングストップを使って利を伸ばす。そしてすべてとは言わないが、ほとんどのトレードは翌朝に手仕舞う。信用枠のこの使い方は妥当だ。

ミクロトレンドトレードの純利益率は非常に小さいかもしれないが、頻繁にトレードし、ポジションサイズが大きいため全体的なリターンは莫大なものになる。ミクロトレンド戦略が目指すものは年間口座リ

ターンが40％をちょっと超える程度だ。ハイリスクなシステムで「ホット」な市場でトレードするベテラントレーダーはこれよりはるかに多くを稼ぐことができる。

　高いリターンに加え、現金自動支払機から得られるような収入を得ることができることもミクロトレンドトレードの特徴だ。ミクロトレンドトレードでは毎日市場に出たり入ったりを繰り返すため、各取引日の終わりに利益を「預金」できる。16時（東部時間。以降、すべて東部時間）までにはほとんどの利益を「現金化」できるわけである。したがって、収入が日々増えていく。ポジションを何週間も何カ月も保有する長期トレード戦略では、予測不可能な市場ダイナミックに翻弄され、株価の上下に伴ってドローダウンを喫するが、ミクロトレンドトレードではドローダウンは数分、数時間、長くても数日しか続かない。ほとんどの取引日では引けまでにあなたの口座は利益を確保できるため、あなたの純資産は次の水準にまで上昇する。

　ミクロトレンドトレードは日々のスケジュールに合わせて行うことができるのも大きな特徴だ。アクティブなミクロトレンドトレーダーのなかには朝だけトレードする者もいれば、ランチタイムの1～2時間を使ってトレードする者もいる。また、引けの時間帯にだけトレードする者もいる。パートタイムのミクロトレンドトレードはフルタイムのトレーダーほど儲からないが、ほかの仕事を持っている人でも、専業主婦でもでき、夜間の作業も不要だ。本書で教える方法を使えば、リサーチの大部分は株価がアクティブに動く市場が開いている時間帯にだけやればよい。

　それでは始めることにしよう。

第1部
準備編
Preliminaries

第1章
ミクロトレンドトレードのワークステーション
Your Micro-Trend Trading Workstation

　この第1章の大部分は『トレンド・トレーディング・フォア・ア・リビング（Trend Trading for a Living）』の第1章で書いたことの繰り返しなので、『トレンド・トレーディング・フォア・ア・リビング』を読んだ人はこの章は飛ばしても構わないが、ミクロトレンドトレードに必要なコンピューターの処理能力についての重要な更新情報だけは読んでもらいたい。前著以降、コスト効率の良いサービスが新たに始まり、これによってウオッチリストのスキャンやチャート化のための諸経費が大幅に節約できるようになった。これらの新しいサービスはこの章で紹介する。

必要なハードウエア

　トレードを目的とする場合、最新型のデスクトップかマッキントッシュを使うことをお勧めする。2年以上前のモデルはアップグレードが必要だ。ウィンドウズとアップルとでは、ウィンドウズをお勧めする。なぜなら、短期トレードに便利な高性能ソフトウエアのほとんどがウィンドウズ用しかないからだ。アップルファンはPCエミュレーターや統合アプリケーションを使えばマック上でもウィンドウズを動かせる、と言うだろう。でも、これらのエミュレーターはバグだらけ

で遅いのだ。ミクロトレンドトレードに関して言えば、速いほど良い。

　一般に、新しいPCの購入を考える場合、プロセッサーのスピードは速いほど良い。最低でも2GHzは必要だ。本書を書いている時点では、AMD Athlon X2 250がミッドレンジの最速CPUで、インテルのXeon X5680がハイエンドの最速CPUだ。RAMも重要だ。CPUのスピードよりもむしろRAMのほうが重要と言ってもよいかもしれない。メモリーが大きければ、メモリーを大量に使う複数のプログラムをフリーズすることなく同時に動かすことができるからだ。価格が安くなったことを考えると、4GB以下のRAMを使う必要などまったくない。4GBのメモリーがあれば、ほとんどのトレードプラットフォームを同時に稼働するのに十分だが、ちょっと高いPCだとメモリーは8GBあり、これだとほぼ間違いなくトレードをスムーズに行うことができる。メモリーはますます大きくなる傾向にあるが、それだけソフトウエアも高度化しているため、メモリーに対する要求も高まっているのが実情だ。

　ハードディスクについては、今日市販されているほとんどのコンピューターや、数年前に販売されたものでも、あなたのニーズを満たすだけの保存スペースを持っている。今日、ハードディスクはテラバイト（1000GB）が主流だ。1TBの保存スペースがあれば十分すぎるほどだ。参考のために言っておくと、私のトレードソフト、チャート作成パッケージ、ブローカーのプラットフォームで必要とするスペースはわずか3GBだが、ハードディスクの容量は400GBもある。でも、トレード用PCには写真、ビデオ、音楽は保存しないほうがよい。なぜなら動作が遅くなるからだ。また、信頼のおけるスパイウエアブロックソフトをインストールし、週に1回はスキャンすることをお勧めする。

　次に重要なハードウエアはモニターだ。問題はサイズだ。一般に、大きければ大きいほど良い。このため、ミクロトレンドトレードでは

ノートパソコンはお勧めできない。ノートパソコンは旅行用としては良い。私はよく旅をするので、17インチのHPのノートパソコンでよくトレードする。しかし、トレード口座のステーションと、リアルタイムのチャートと、気配値ストリーマーと、ウオッチリストと、ブラウザを一度に開くと、デスクトップのスペースが広いほうがよいことにすぐに気づくはずだ。私は27インチのモニターを使っているが、これは私にぴったりだ。iPhoneでトレードする？　そんなことは考えないほうがよい。

　プロトレーダーの多くは2つ以上のモニターを使ってトレードしているが、私が本書で教えるシステムでは複数のモニターは必要ない。マルチスクリーンモニターを使うのであれば、複数のモニターに対応できるようにビデオカードをインストールしなければならないことを覚えておこう。マルチスクリーンモニターはトレーダー用のものが市販されているが、これは80インチもあり、贅沢の極みだ。しかし、値が張り、良いモデルだと5000ドルは下らない。しかも、ビデオカードのアップグレードは含まれていない。本書で解説するトレードでは、20インチ以上のモニターがあればよく、マルチスクリーンモニターは必要ではない。解像度は最高レベルに設定しよう。参考のために言っておくと、私のモニターは32ビットカラーで、解像度は1920×1200ピクセルに設定している。

チャート作成パッケージ

　ミクロトレンドトレードで利益を出すには、高性能なチャート作成パッケージが必要だ。チャート作成パッケージはサービス会社からソフトをダウンロードするか、CDから直接ハードディスクにインストールする。このソフトは使っているすべてのコンピューターにダウンロードまたはインストールしなければならない。しかし、ブラウザー

上で直接チャートを作成するサービスを提供しているサービス会社もいくつかある。また、Eトレードやアメリトレードのように、アクティブトレーダーにリアルタイムで無料でチャート作成ソフトを提供するブローカーもある。

チャート作成パッケージは次の項目を満たすものを選ぶようにしよう。

- 標準的なテクニカルインディケーターがすべてそろっていて、同時に表示できる（低性能なソフトのなかには１回に１つしか見れないものもある）。
- 色鮮やかで読みやすいチャート。使い勝手の良い設計。
- 価格やインディケーターのアップデートがリアルタイムで可能。
- タイム・アンド・セールス・データがリアルタイムで見れる。
- ウオッチリストの容量が大きく、「ホットリスト」機能がある。

チャート作成パッケージのなかにはリアルタイムのデータを提供するものもあるが、その場合、手動でスクリーニングをリフレッシュしてアップデートする必要がある。これは望ましくない。自動的にアップデートできるソフトもあるが、数秒ごとにしかアップデートされない。これも望ましくない。必要なのはティックごとに途切れることなくアップデートできるものだ。

チャート作成パッケージは少なくとも100銘柄のウオッチリストを保存できるものでなければならない。統合性と利用効率を重視するのであれば、オンラインブローカーにつながるインターフェースを備えているものでなければならない。こうしたインターフェースがあれば、見ているチャートをダブルクリックするだけでトレードを仕掛けることができる。また、トレード管理もチャートから直接アップデートできる。そして最後に、これらのサービスは無料なのが望ましい。

幸いなことに、これらの条件を満たし、これ以上の機能を持つチャート作成パッケージはいろいろある。最も高いものではeシグナルやリアルティックなどがある。私はどちらも使ったことがあるが、お勧めだ。似たようなものを使ったことがない人は習得に時間がかかるが、オンラインチュートリアルがあり、サイト上で質問などもできる。ミクロトレンドトレードに必要となるフルパッケージだと１カ月におよそ200ドルかかるが、オプション機能の欲しい人には十分にペイする。だが、注意点がひとつある。eシグナルは日中バックテスト機能を強みとするが、ミクロトレンドトレードではこれは理論的には理想的だ。しかし、試してみたところ、スクリプトを書く能力がない私にとってこれは使い物にはならなかった。あらかじめ準備されたスクリプトは非常に少なく、忍耐力のない私にはスクリプトの書き方を学ぶのはまだるっこかった。

　最も安いものでお勧めなのがIQチャートだ。IQチャートは単独型のソフトでダウンロードによって入手する。リアルタイムのチャートは読みやすく、スライドショー機能を持つウオッチリストもあり、さらには「ホットリスト」、いろいろなインディケーターや描画ツールも備わっている。気の利いたスキャンシステムも装備しているが、これはミクロトレンドトレード目的では詳細に欠ける。チャートのリフレッシュには２～３秒かかる。特に２つ以上のチャートを開いているときにはそうだ。しかし、１カ月わずか40ドルのコストでこれだけの機能があれば、小さな不便さなどどうということはない。スキャルピング（小さな利益を求めて迅速にトレードすること）でもしないかぎり、３秒の遅れなど気にする必要はない。

　私がいつも使っているお勧めのサービスはほかにもある。それは、StockCharts.com だ。本書で提示するチャートはすべて StockCharts.com の使い勝手の良いインターフェースで作成した。StockCharts.com のチャートが一番見栄えが良いようだ。リアルタイムアップグ

レード機能（1カ月およそ35ドル）を使えば、ウオッチリスト、2つのスキャンエンジン、リアルタイムの日中スキャン機能、あらかじめ装備された数々のスキャン、MarketCarpet と呼ばれるセクター強化ツール、キャンドルグランスチャート（便利なサムネイルのウオッチリスト）、公開チャートリストの作成とブラウズ、最新の市場解説などが利用可能だ。StockCharts.com のただひとつの欠点は、リアルタイムデータで表されているチャートがティックごとに自動的に更新されないことである。15秒ごとに更新するように設定することもできるが、数分後には最も堅牢なキャッシュも満杯になりチャートがフリーズしてしまう。しかし、「Update」ボタンを素早く押せばリアルタイムのデータが取得できる。これはミクロトレンドトレーダーにとっては十分なチャート作成パッケージではないが、高性能パッケージの補完にはなる。諸経費のことを考えるのであれば、本書で解説する「オーバーナイト」ミクロトレンドシステムは StockCharts だけで実行可能だ。

　StockCharts.com は主としてトレンドトレード用だ。つまり、日々のスクリーニング、スキャン、ウオッチリストは StockCharts.com のものを使う。また、無料のEトレードのチャートはミクロトレンドのポジションモニターとして使う。バーゲン大好き人間で、1カ月に最低10トレード仕掛ける私としては、無料のEトレードのチャートは最高だ。

　StockCharts.com の機能で私が気に入っているもののひとつは、マウスをクリックするだけでスクリーニングの結果をすべてウオッチリストに入れることができることだ。ウオッチリストは、1ページで10個のチャートがフルサイズで見れるといった具合に、いろいろな形で見ることができる。StockCharts.com には2つのスクリーニングインターフェースがある。1つは、プログラミングを必要としない初心者用のもので、もう1つはもっと上級のユーザー用だ。後者は各インデ

ィケーターとパラメーターのあらかじめプログラミングされたコードを提供してくれ、自分のニーズに合わせていじることができる。本書で提示するすべてのスクリーニングコードは StockCharts.com の上級ユーザー用インターフェースから取得したものだ。私はコンピューターはあまり詳しくない。だから、私がスクリーニングを書けるのであれば、だれにだって書けるはずだ。

『トレンド・トレーディング・フォア・ア・リビング』が2008年1月に出版されて以降、コスト効率の良い2つのサービスが始まった。これはミクロトレンドトレーダーたちのニーズに応えるものだ。ひとつは、StockFetcher（http://www.stockfetcher.com/）のスクリーニングおよびバックテスト用のツールだ。このサイトの最も優れた機能は、あなたが作成してオンラインデータベースに保存したスクリーニングが取引日の間中、自動的に更新されることだ。その日の終わりのデータ以外で機能する低価格のスクリーニングツールを見つけることはなかなか難しいが、私のミクロトレンドトレードシステムのいくつかにとってはこの種の日中スクリーニング機能は理想的だ。最悪なのはバックテストツールだ。ただの1回もまともに機能したことはない。簡単に修復できると思うのだが、これはほかのユーザーにお任せすることにしよう。

StockFetcher でスクリーニングを作成するのはちょっと面倒だ。ユーザーズマニュアルが長ったらしいのだ。それにはあなたが使うと思われるパラメーターのほとんどに対するサンプルスクリプトが含まれている。これは直観的に分かりやすく設計され、多くの場合、同じパラメーターのスクリプトも書き方が2種類以上ある。表現方法のちょっとした変更や、言葉の代わりにシンボルを使ったりすると、どちらとも有効だが結果が違ってくることがある。StockFetcher のもうひとつの問題点はウオッチリストに関連することだ。スクリーニングが20以上ヒットすると、スクリーニングの出力ページからウオッチリ

ストのページに移動する作業が非常に厄介なのだ。1回に移動できるシンボルはわずか20なのだ。さらに、StockFetcher にはチャートビューオプションがあるが、ウオッチリストにはこれが使えない。だが、値段（高級機能が使えるもので1カ月15ドル）を考えると、これくらいの不便は許容範囲内だろう。StockFetcher のスクリーニングは私のミクロトレンドシステムのいくつかにとっては候補となるもので、取引日の間中更新されるので一見には値する。

　市販されている最も新しいパッケージはニンジャトレーダーで、私の考えではこれは最高だ。これにはあらゆる機能が装備されている。リアルタイムチャート、リアルタイムスクリーニング、システム構築、システム分析とバックテスト、トレードシミュレーション、ポジション管理分析など、まだまだ多くの機能がある。ニンジャトレーダーは個人先物トレーダーであるレイモンド・ドゥの個人的なトレードプラットフォームがその起源だ。2004年にプロトレーダーバージョンが発売され、2007年には個人トレーダーバージョンが発売された。個人ユーザーが増加するにつれ、ニンジャプラットフォームをサポートするブローカーも増えている。ニンジャトレーダーの最も良い点は、この会社とパートナーシップを組むブローカーを使えば、利用料が無料になるという点だ。会社とパートナーシップを組むブローカーを使わなくても、利用料は安い。データサービスは1カ月55ドル（先物データの場合はもっと高い）からで、これはベンダーに注文すればよい。

　私はニンジャトレーダーをダウンロードして、数週間使ってみた。私のようにスクリプトを書けない人間にとって、バックテストとシステム分析はちょっと厄介だったが、努力すれば学べないことはない。条件設定インターフェース（**図1.1**）は独特の用語さえ覚えれば簡単だ。ニンジャトレーダーは多くのプログラマーと契約を結んでいる。彼らはあなたのトレードパラメーターをバックテストとスキャン用に無料でプログラミングしてくれる。

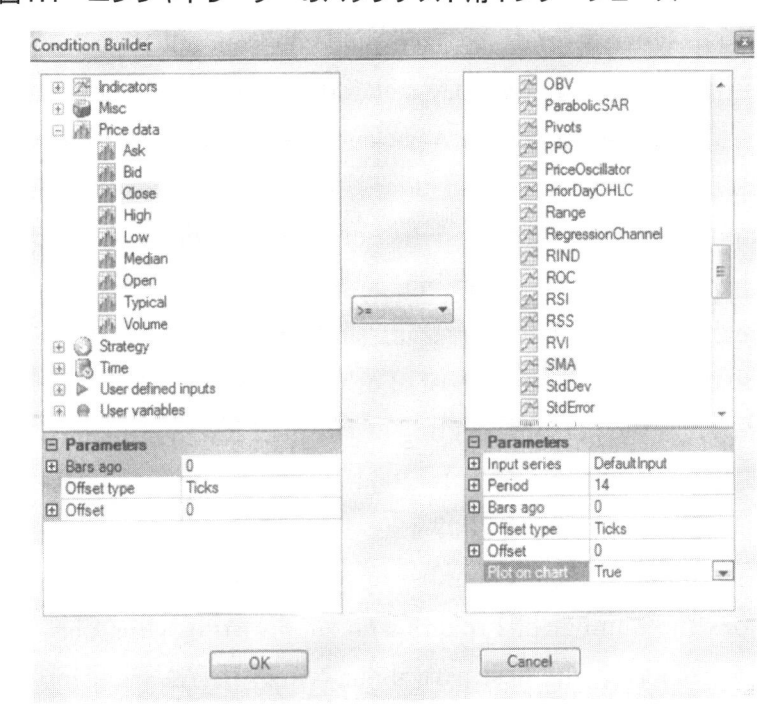

図1.1 ニンジャトレーダーのバックテスト用インターフェース

あなたの戦略のパラメーターを入力すると、ソフトウエアが堅牢さについての統計量を計算してくれる。標準的な分析結果はいろいろなフォーマットで見ることができるが、その一例を示したものが図1.2だ。

ISPとOLB

最近ではインターネットサービスプロバイダー（ISP）は選択肢が豊富だ。ダイヤルアップ（そう、いまだ健在なのだ）、ハイスピードダイヤルアップ、ハイスピードデータネットリーク（HSDN）、デジタル加入者回線（DSL）、広帯域衛星、T-1、ケーブルといろいろなサ

図1.2　トレーディングシステムの統計分析（ニンジャトレーダー）

Performance	All Trades	Long Trades	Short Trades
Total Net Profit	$62500.00	$3750.00	$58750.00
Gross Profit	$480625.00	$203437.50	$277187.50
Gross Loss	$-418125.00	$-199687.50	$-218437.50
Commission	$0.00	$0.00	$0.00
Profit Factor	1.15	1.02	1.27
Cumulated Profit	3.44%	0.24%	3.20%
Max. Drawdown	-3.25%	-1.62%	-2.74%
Sharpe Ratio	7.14	0.20	1.91
Start Date	1/2/2007		
End Date	3/6/2007		
Total # of Trades	570	285	285
Percent Profitable	46.14%	47.72%	44.56%
# of Winning Trades	263	136	127
# of Losing Trades	307	149	158
Average Trade	0.01%	0.00%	0.01%
Average Winning Trade	0.10%	0.08%	0.12%
Average Losing Trade	-0.08%	-0.07%	-0.08%
Ratio avg. Win / avg. Loss	1.34	1.12	1.57
Max. conseq. Winners	11	11	7
Max. conseq. Losers	12	9	8
Largest Winning Trade	3.39%	0.58%	3.39%
Largest Losing Trade	-0.46%	-0.43%	-0.46%
# of Trades per Day	8.84	4.42	4.45
Avg. Time in Market	100.0 min	103.8 min	96.3 min
Avg. Bars in Trade	18.7	19.0	18.5
Profit per Month	1.60%	0.11%	1.49%
Max. Time to Recover	32.58 days	21.24 days	32.36 days
Average MAE	0.08%	0.08%	0.08%
Average MFE	0.12%	0.11%	0.13%
Average ETD	0.12%	0.11%	0.12%
Turn Around	3.50%	0.26%	3.24%

ービス形態がある。私はケーブルISPを使ってきたが、これ以上遅いものでトレードしようとは思わない。ミクロトレンドトレーダーにとってはデータの流れが滞らないようにアクセススピードは重要だ。「ビーフレンド・ザ・トレンド」のニュースレターの購読者のなかには、いまだにダイヤルアップを使ってうまくやっている者が数人いる。スイングトレードの注文を入れ、未決済ポジションをモニターする程度ならダイヤルアップで事足りるが、リサーチを行ったり、マーケット

スキャンをしたり、日中にウオッチリストをチェックしたりするとなると、ブロードバンドのプロバイダーに変えたほうがサーフタイムは大幅に節約できる。

オンラインブローカー（OLB）について一言——良いブローカーが必要だ。安くて、トレード入力システム（つまり、トレードプラットフォーム）の使い勝手のよいブローカーが必要だ。これまで私は人気のオンラインブローカーのほとんどを使ってきた。デイテック（Datek）、Eトレード（E*Trade）、シュアトレード（Suretrade）、スコットトレード（Scottrade）、インベストレード（Investrade）、フィデリティ（Fidelity）、シンク・オア・スイム（Think or Swim）、ブラウン（Brown）だ。これらのなかにはすでに操業を停止したものもあるが、操業中はこれらはすべて低価格で使い勝手の良いトレードプラットフォームを提供していた。現在、口座のすべてはEトレードにまとめた。Eトレードのオンラインバンキングサービスが私の当座預金口座にとって便利だからだ。大きな口座（5万ドル以上）を持っている場合、1トレード当たりの手数料は株数にかかわらず均一の9.99ドルなので、Eトレードはミクロトレンドトレードにとって打ってつけのプラットフォームと言えよう。しかし、私の経験から言えば、株式のミクロトレンドトレードにとって最高のプラットフォームはインタラクティブ・ブローカーズ（IB）だ。1株当たりの手数料が非常に安いため、資金不足のトレーダーにとっては理想的と言えるだろう。IBは信頼が置け、手数料が安く（100株当たり1ドル以下）、口座管理システムも充実している。しかし、人によってはIBのトレーダーワークステーション（TraderWorkstation。トレードを入力するところ）はちょっと面倒だという人もおり、カスタマーサービスは標準以下だと言う人がほとんどだ。IBに代わるものとしてお勧めなのがMBトレード（MBT）だ。MBTは料金体系はIBと同じだが、1トレード当たり9.95ドルという均一料金のオプションを提供している。しか

も、株数に制約はない(大きな口座を持っている人やペニー株をトレードする人にとっては魅力的)。この会社のMBTナビゲーター(MBT Navigator。トレードを入力するところ)はIBのトレーダーワークステーションよりも若干使い勝手がよい。それに、電話に答えてくれる人もフレンドリーだ。

第2章
ミクロトレンドトレードに打ってつけの市場
The Best Markets for Micro-Trend Trading

　ミクロトレンドトレードを成功に導くことができるかどうかは、ひとつにはボラティリティが高いかどうかである。市場のボラティリティが高いほど、ミクロトレンドトレードにとっては都合が良い。すべてのミクロトレンドシステムにとってそうというわけではないが、大部分のミクロトレンドシステムにとってはそうである。一般に、ボラティリティが高いほど、つまり、日中の高値－安値間のスイングが大きいほど、その市場はミクロトレンドトレードにとって打ってつけの候補となる。以前述べた理由によって、米国の市場は当面はボラティリティの高い状態が続く。したがって、トレードで稼ぎたい人はミクロトレンドトレードを学ぶことが不可欠だ。

VIXの上昇

　前にも述べたように、ボラティリティの尺度のひとつがVIX指数（ボラティリティ指数）である。VIXは目先の市場ボラティリティを、トレーダーが買いポジションに対してどれくらい「保険」の代金を進んで支払うかによって測定するものだ。一般に、VIXが20より高いとき、市場は方向感がなく、下降トレンドにある。VIXが20より低いとき、市場は静かで上昇トレンドにある。古くからの諺に「VIXが高い

図2.1　S&P500とVIX

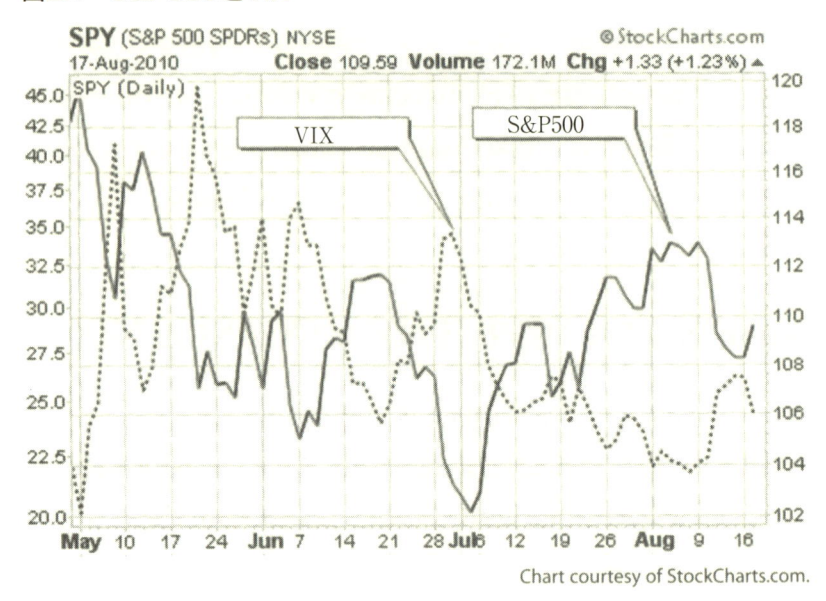

Chart courtesy of StockCharts.com.

ときは買い時」というものがあるが、これは長期投資家のバイブルとも言える諺だ。歴史的に見ても、この諺が正しいことは確かだ。しかし、VIXが高いときは、ミクロトレンドシステムを引っ張り出して、短期ポジションを取る絶好のチャンスでもある。

図2.1は、S&P500指数（実線）にVIX指数（点線）を重ねて描いたものだ。VIXが高いとき市場は下落し、VIXが低いとき市場は上昇していることは一目瞭然だ。

ここでひとつやってみたいことがある。VIXの10期間単純移動平均線をS&P500のチャートに重ね、VIXのトレンドとピボットポイントを見つけることだ。VIXが下降トレンドにあるとき、市場は強気で、スイングトレーダーやポジショントレーダーに有利であることを示している。このとき市場は出来高が少なく、狭いレンジ相場で、静かな上昇トレンドの日が続き、あちこちで適度な利食いと売り抜けが行われる。逆にVIXが上昇トレンドにあるとき、市場は弱気で、ミクロト

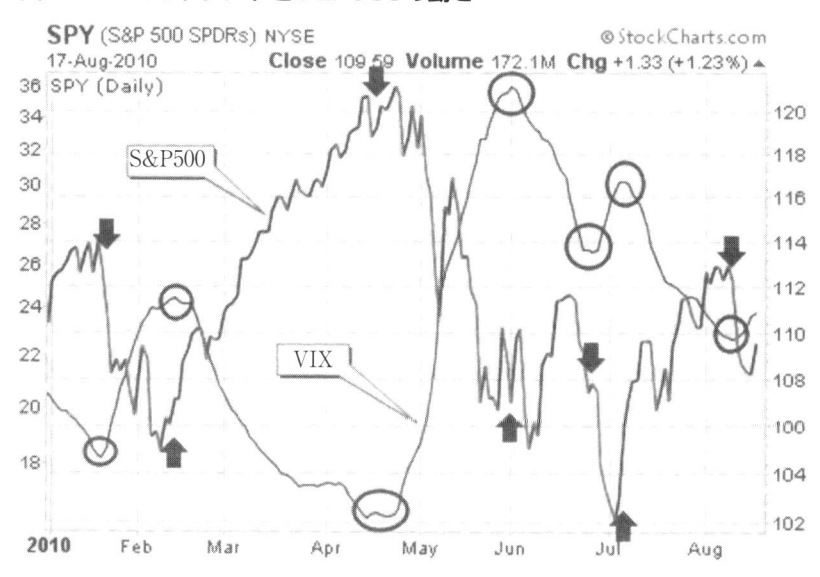

図2.2　VIXのトレンドとS&P500の動き

レンドトレーダーに有利になる。このとき市場は出来高が多く、下落相場で「ショートスクイーズ」によって時折急上昇する。**図2.2**はこれの例を示したものだ。図中の黒い矢印は、S&Pの強気と弱気のピボットポイントを示しており、このときVIXはS&Pと逆の位置にある。S&PとVIXを重ねたこのチャートは市場の大きな動きのほとんどをとらえていることが分かる。

　ミクロトレンドトレードはボラティリティの高い市場、つまり日中スイングの上下動が大きい市場で行うのが理想的だが、動きのない静かな市場でもミクロトレンドトレードの優れた機会を見つけることができる。本書で紹介するシステムのなかには、どのような市場状態でも利益を出せるシステムがいくつかある。しかし、市場のボラティリティが上昇しているのか下落しているのかを知ることは重要だ。ボラティリティとは不確実性を意味し、予測不可能だ。市場が翌月、翌週、翌日にどう引けるかを予測する能力は市場ボラティリティと反比例す

る。したがって、ボラティリティが高いほど、トレードの時間枠（つまり、各ポジションの保有期間）は短くしなければならない。そこで、VIXの新しい諺を紹介したい――「VIXが上昇しているときはミクロトレンドトレードの絶好のチャンスである！」。

王のなかの王、ベータ

　一般に、ミクロトレンドトレードに打ってつけの市場は3つある――ボラティリティの高い銘柄、レバレッジETF（上場投信）、システムスキャンによって検出された銘柄。だからといって、ミクロトレンドのトレード対象は株とETFだけというわけではない。これらは単に私にとって最も馴染みのある市場で、例として示しただけである。結局、チャートはあくまでチャートにすぎない。つまり、市場を日中足でチャート化でき、日中の価格パターンを常に見つけられるほどの流動性があれば、本書で紹介するどのシステムを使ってもミクロトレンドトレードできるということである。カレンダー効果システムを除き、ここで紹介するミクロトレンドシステムはEミニ、FX、先物取引などに適用することができる。オプションについて知りたい読者もいるだろう。オプションは私のシステムの条件を満たすほど流動的ではないが、私の条件を満たす株や先物でレバレッジを利かせるのに利用できる。

　それでは、現在トレードされているなかで最もボラティリティの高い銘柄の探し方を見てみることにしよう。VIXは一般市場のボラティリティを測る最も良い指標だが、個々の銘柄のボラティリティを測る最も良い指標はベータだ。ベータは市場に対する回帰分析を使って個々の銘柄に対して計算される。この市場は通常はS&P500である。市場（S&P500）のベータの値を1.0とし、もしある銘柄のベータが1.0よりも小さければ、その銘柄の価格変動は将来的にS&P500の価格変

動よりも小さく、ベータが1.0より大きければ、その銘柄の価格変動は将来的にS&P500の価格変動よりも大きいことが予想される。「予想される」という言葉に注意しよう。なぜならベータは過去のデータをもとに将来的な予想を立てるものだからである。VIXとは違って、ベータは過去の価格変動をもとに計算される。したがって、ベータの高い銘柄が動きの小さなレンジ相場でトレードされることもある。また、ベータの低い銘柄が極端な価格変動によって急上昇することもある。しかし、ベータは一般にある銘柄が将来的に市場よりも値動きが大きくなるか小さくなるかを示す良い指標である。

一般に、ここで紹介するミクロトレンドシステムでトレードするのに最も打ってつけの銘柄は次の3つの特徴を持つ。

●出来高が多い
●価格が高い
●ベータが高い

ミクロトレンドトレードのためのウオッチリストを作成する場合、まず最初に薄商いの銘柄、低位株、ボラティリティが低い銘柄は排除しなければならない。このために必要なのがスクリーニングツールだ。幸いなことに、3つの条件を満たすミクロトレンド銘柄を探すのに必要なスクリーニングツールを提供している無料のオンラインサイトがいくつかあるので紹介しておこう。

●Yahoo! Finance（http://screener.finance.yahoo.com/newscreener.html）
●Finviz.com（http://finviz.com/screener.ashx）

これら2つのサイトのうち、良いのは Finviz.com のほうだ。

Yahoo! のスクリーナー（Basic バージョンではなく、Java バージョンを使っている）でも十分だが、使うにはダウンロードが必要で、結果はカスタマイズすることができない。一方、Finviz.com はオンラインから直接スクリーニングにアクセスでき、将来的な使用のために保存も可能で、結果はウオッチリストに保存でき、ウオッチリストの表示もカスタマイズできる。また、ATR（**編集部注** これは著者独自のもので、いわゆる「真の値幅の平均」のことではない。96ページ参照）最新のギャップの大きさ、サムネイルチャートも見ることができるので分析が簡単に行える。

スクリーニングのパラメーター自体は非常にシンプルだ。例えば、米国株のスクリーニングのパラメーターは以下のとおりだ。

- ベータ＞2.0
- 価格＞20ドル
- 平均出来高＞100万

もうひとつ言っておかなければならないことは、これら２つのスクリーナーを使った結果は同じにはならないということである。例えば、2010年５月の終わりの非市場日に２つのスクリーナーを使ってみた。Yahoo! Finance のスクリーニングでは72銘柄を選びだしたが、Finviz.com のスクリーニングでは61銘柄しか選びださなかった。これはおそらくは過去ｘ日間の平均出来高の計算方法が異なるのと、ベータの計算方法が若干異なるからだろう。もっと問題なのは、両方のスクリーニングで選びだされたトップ10の銘柄が異なることだ。**表2.1**と**表2.2**はそれぞれのスクリーニングで選びだされたトップ銘柄をリストアップしたものだ（スキャンは2010年５月に行った）。

５つの高ベータ銘柄のなかで、両方に含まれる銘柄は３つしかない——DTG、LVS、AIG。詳しい理由は述べないが、Yahoo! のスク

表2.1　Yahoo! Financeの高ベータのトップ銘柄

YAHOO	ティッカー	ベータ	価格	出来高
1	DTG	5.11	22.90	5,307,473
2	LVS	4.67	21.00	59,180,344
3	AIG	4.35	45.61	1,530,002
4	TRW	4.09	41.70	7,894,830
5	TCK	3.98	35.96	10,094,453

表2.2　Finviz.comの高ベータのトップ銘柄

FINVIZ	ティッカー	ベータ	価格	出来高
1	HGSI	5.21	22.90	5,307,473
2	LVS	4.45	21.00	59,180,344
3	DTG	4.38	45.61	1,530,002
4	DNDN	4.18	41.70	7,894,830
5	AIG	3.97	35.96	10,094,453

リーナーはFinvizよりもおよそ40ベーシスポイントだけベータが高くなっている。しかし、Finvizで第1番目と第4番目に現れるHGSIとDNDNがYahoo!のトップ5になぜ現れないのか不思議だ。事実、Yahoo! Financeの「重要な統計量」のページではHGSIとDNDNのベータの値はそれぞれ5.62と4.54だが、72銘柄のなかにも現れない。Yahoo!のスクリーナーではヒット数は72とFinvizよりも多いが、バイオテック銘柄（HGSIもDNDNもバイオテック銘柄）は削除されたのではないかと思う。これは大きな欠点だ。なぜならバイオテック銘柄は従来的に最もボラティリティの高い銘柄に含まれ、そのためミクロトレンドトレードの格好のターゲットになるはずだから

だ（FinvizのリストにはⅥ番目と7番目にそれぞれTRW［3.80］とTCK［3.58］が現れる）。

とはいえ、どちらのスクリーニングの結果もミクロトレンドトレードにとって、流動性があり、価格が高く、ボラティリティの高い候補の素晴らしいポートフォリオを提供するものだ。理想のミクロトレンド銘柄を選ぶときの要素はボラティリティの高さだけではないが、まずはボラティリティの高い市場を選ぶことで、私のミクロトレンドシステムのいくつかは機能するはずだ。

新たな市場──ETF

『トレンド・トレーディング・フォア・ア・リビング』以降、ETFというまったく新しい商品が現れた。これらの多くはミクロトレンドトレードの格好の候補となる。ETFとは株式をバスケット（銘柄を集めてひとつにパッケージ化したもの）で取引するもので、指数や業界への連動を目指してグループ分けしたものである。ETFは米国の取引所で一般の個別株と同様に取引される。最初のETFは1993年に設定されたS&P預託証券（Standard & Poor's Depository Receipt。SPDRまたはスパイダー）である。AMEX（アメリカン証券取引所）でSPYのティッカーで取引されたSPDRはたちまちのうちに商業的に成功を収めた。S&P500に連動するため、一般投資家は1つの銘柄を買うだけで米国の取引所で取引される500の大型株に投資する効果を得ることができる。このあとほかのETFも設定され、今日では最もよく取引される証券になっている。現在、アクティブに取引されているETFは750を超え、資産価値で言えば7000億ドルを超える。ETFには外国の指数、為替、商品、債券、米国債、さらにはカバードコールや裁定など戦略を取引するものもある。上場ETFの多くは薄商いであるためミクロトレンドトレードの対象にはならないが、その多くが流

動性がありボラティリティは高い。

　最近開発されたETFにインバース（逆連動）ETFとウルトラETFがあり、どちらも2007年の終わりごろ登場した。インバースETFは原指数のショートポジションを持つようなものだ。例えば、ダウ平均を買いたい場合、ダイアモンドETF（DIA）を買えばよいが、ダウ平均が下落すると思った場合、ダウ平均を売るプロシェアーズ・ショート・ダウ30（DOG）を買えばよい。ダウ平均が5％下落したら、DOGは5％上昇する（1：1の相関は理論上のものだが、ほぼ1：1の相関と見てよい）。同様に、S&P500が下落すると思った場合、S&P預託証券（SPY）を売るか、プロシェアーズ・ショート・S&P500（SH。1：1でS&P500に逆連動するETF）を買えばよい。

　ウルトラETFはレバレッジETFだ。今のところ、レバレッジには2つのタイプがある。ダブル(2x)とトリプル(3x)だ。2xレバレッジ・ウルトラETFは原指数または原産業の2倍の値動きに連動するETFで、3xレバレッジ・ウルトラETFは3倍の値動きに連動するETFだ。つまり、指数がその日の終わりに2％上げて引けたら、2xウルトラ・ロングETFはおよそ4％上げて引け、3xウルトラ・ロングETFはおよそ6％上げて引ける。さらに複雑なのは、2xや3xのウルトラ・インバースETFの存在だ。これは原指数が下落・上昇したら、2倍および3倍上昇・下落するETFだ。

　例えば、米国大型株が上昇すると思った場合、ETFとしては少なくとも3つの選択肢が可能だ。

- 非レバレッジの買いポジションを建てたい場合、SPY（S&P500）を買う。
- 2xレバレッジの買いポジションを建てたい場合、プロシェアーズ・ウルトラS&P500（SSO。S&P500）を買う。
- 3xレバレッジの買いポジションを建てたい場合、ディレクシオ・

図2.3　大型株の2xウルトラ・ロングETFと3xウルトラ・ロングETF

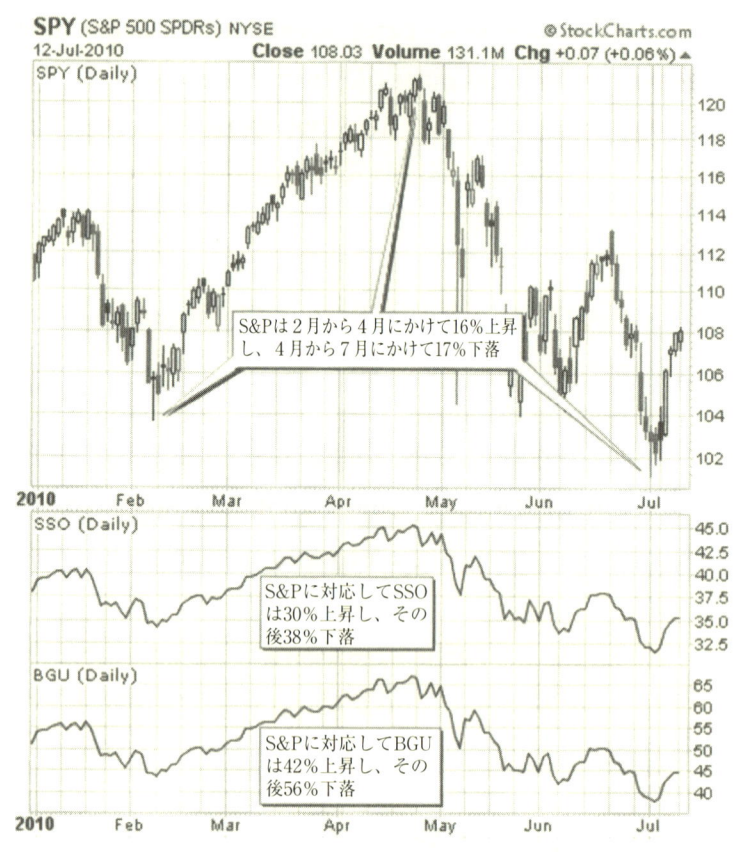

(チャート内注記)
- S&Pは2月から4月にかけて16%上昇し、4月から7月にかけて17%下落
- S&Pに対応してSSOは30%上昇し、その後38%下落
- S&Pに対応してBGUは42%上昇し、その後56%下落

Chart courtesy of StockCharts.com.

ラージキャップ・ブル3xシェアーズ（BGU。大型株）を買う（BGUの原資産はS&P500よりも大きいので、S&P500に連動する傾向があるが、3：1のレバレッジにはならない。2009年〜2010年ではその平均レバレッジは2.85で、その幅は2.45から3.27であった）。

逆に、米国大型株が下落すると思った場合、これもまた3つの選択肢がある。

図2.4　大型株の2xウルトラ・ショートETFと3xウルトラ・ショートETF

（チャート内の注釈）
- S&Pは2月から4月にかけて16％上昇し、4月から7月にかけて17％下落
- S&Pに対応してSDSは27％下落し、その後36％上昇
- S&Pに対応してBGZは38％下落し、その後54％上昇

- 非レバレッジの売りポジションを建てたい場合、SH（S&P500）を買う。
- 2xレバレッジの売りポジションを建てたい場合、プロシェアーズ・ウルトラ・ショートS&P500（SDS。S&P500）を買う。
- 3xレバレッジの売りポジションを建てたい場合、ディレクシオン・ラージキャップ・ベア3xシェアーズ（BGZ。大型株）を買う。

図2.3と図2.4はこれらのETFのレバレッジとインバースの性質を

それぞれ示したものだ。S&P500のウルトラETFの値動きは指数そのもの（SPY）と密接に相関しているが、レバレッジの比率は厳密には予想される１：２：３にはなっていないことが分かる。しかし、これに非常に近い値になっている。

いまや主要な指数とセクターのほとんど（ダウ平均、S&P、ナスダック、金融、中国、米国債、BRIC複合、原油、金、小型株、ユーロ、金属、農業、消費財、ヘルスケア、医薬品など）には2xと3xのウルトラ・ロングとインバースETFが設定されている。ETFの将来的な方向性は分からないが、商業的な成功によって今後も長年にわたって存在し続けることは確かだ。近い将来、5xや10xのレバレッジETFや証券コンサルタントによるETF（バフェットETFやリンチETFなど）やメカニカルテクニカルシステムに基づくETF（ブリッシュおよびベアリッシュなビーフレンド・ザ・トレンドETFなど）も現れるかもしれない。

ミクロトレンドトレードでは、私のシステムを使えばレバレッジETFを利用して利益を得ることができる。ウルトラ・インバースETFには特定の市場状態ではうまくいかないという本質的な問題があるが、ほとんどの場合、ミクロトレンドトレードのすぐれた投資対象になる。

ミクロトレンドトレードの候補を選ぶためのスクリーニング

ミクロトレンドトレードの候補を選ぶ３つ目の方法は、本書で紹介するセットアップとシステムにマッチするように設計されたメカニカルなスクリーニングを使用するというものだ。これから買いと売りのセットアップをいくつか紹介するが、それは第１章で紹介したスクリーニングツールに簡単にプログラミングすることができる。これまで

トレードの本はいろいろ読んできたが、良さそうに見えるセットアップの例は示しているが、探し方を示していないものがほとんどだ。しかし、本書ではスクリーニングの方法を紹介する。ウオッチリストとETFを見てトレードすべきものが見つからないときは、マウスをクリックするだけでミクロトレンドトレードの候補をいくつか見つけることができる。

　これらのスクリーニングは初期化して使おうと思っているスクリーニングツールの形式に合わせて保存すれば、取引日の間中、新しいセットアップを探すのに使える。市場が開いた直後にスクリーニングを実行すればギャッププレーが可能で、ランチタイムに実行すれば素早くスキャルピングができ、14時30分ごろ実行すれば午後の反転とブレイクアウトの動きをとらえることができる。私は個人的にはスクリーニングは単にセットアップを探すためにチャートを見るというよりも、もっと儲かるプロセスのために実行する。これはメカニカルなプロセスなので、エラーにつながることが多い人的要素を減らすことができる。チャートを見るとき、実際には存在しないものを見ることがときどきある。希望的観測によって、想像のなかでチャートには実際にないセットアップをでっちあげるのだ。しかし、スクリーニングを使えばこの認知ステップを回避することができる。

先物のミクロトレンドトレード

　『トレンド・トレーディング・フォア・ア・リビング』を読んだ読者からは、先物のトレーディングについてメールで問い合わせが殺到した。最も多かった質問は、「『トレンド・トレーディング・フォア・ア・リビング』で紹介されているシステムは先物のトレードに使えるのか？」というものだった。答えはもちろん「イエス」だ。十分な出来高と値動きがあり、オーバーナイトギャップが比較的少なければ、

チャート化できるどの市場も本書で紹介するテクニカルシステムの候補になる。

　私の専門分野は株式と株式オプション（株式オプションはほとんどのミクロトレンドシステムには向かない）だけだが、本書で紹介するすべてのシステムは先物に応用できる。事実、第12章で紹介する最後のシステムはS&P500のEミニ先物で最もうまくいく。しかし、ミクロトレンドシステムで先物をトレードするのは、『トレンド・トレーディング・フォア・ア・リビング』で紹介している長期トレードシステムほど簡単ではない。その主な理由は、日中トレードはスイングトレードよりも出来高と値動きの条件が厳しいからだ。先物をトレードしたければ、出来高が多く、取引の間中、値動きが活発なものを選んだほうがよい。先物によっては数時間まったく動きのないものもあり、海外取引に敏感でオーバーナイトギャップが大きいものもある。これらの要素が最も少ない先物市場は、米国の主要株式指数（S&P500［ES］、ナスダック100［NQ］、ダウ平均［YM］、ラッセル2000［TF］）のEミニだ。これら4つの主要な指数のEミニは流動性が非常に高く、日中チャートパターンが形成されることが多い。商品では、原油、天然ガス、金がミクロトレンドトレードの候補としては打ってつけだ。米国の通貨ペアもまずまずの候補となる。通貨ペアは24時間流動性が高いため、不眠症の人や米国の市場時間にトレードできない人には良い候補となる。しかし、オーバーナイトの動きが大きいため、マルチデイシステムには向かない。

次のステップへ

　ここまで本書を読んできた人は、ミクロトレンドトレードにはどんなコンピューターがベストで、どんなインターネット接続が必要で、どんなディスカウントブローカーを使えばよいのか、チャート作成や

スキャンにはどんなオンラインサイトやソフトウエアを使えばよいのか、そしてミクロトレンドトレードに打ってつけの投資対象は何なのかは分かったはずだ。ここまで分かれば第2部に進んでミクロトレンドトレードの冒険を楽しもうと考える人がいるかもしれないが、それはやめてほしい。次の第3章を飛ばそうという誘惑には断固抵抗してもらいたい。第3章はおそらくは本書で最も重要な章だ。

第3章

ミクロトレンドトレードを成功に導くための5つのステップ
The Five-Step Plan to Micro-Trend Trading Success

　この第3章は本書で最も重要な章なので飛ばさないでほしい。このあとの章に出てくるすべてのシステムやセットアップを学び、記憶することはできるかもしれないが、それらをトレードするよく練られた計画がなければ、先達の経験から苦労して得た計画がなければ、失敗することになるだろう。トレードでは、失敗は失ったお金で測るのではなく、どれくらいのお金をリスクにさらしたかで測るものだ。計画のあるなしにかかわらずトレードでは損をすることはときどきある。これは当たり前のことだ。しかし、リスクを管理する計画がなければ、あまりにも多くの損失を出し、トレードを断念せざるを得なくなる。

　私はあなたには失敗してほしくないし、トレードを断念するようなことにもなってほしくない。前著の読者ならご存知のはずだが、私が堅実に利益を出せるようになるまで、数年にわたってトレードに何回か失敗したことがあり、その都度トレードを断念した。友人や家族からは否定され、胃は締め付けられるように痛く、手には汗をかき、心臓が高鳴った。これはすべて市場でお金を失ったためだ。こんなことはだれにも経験してほしくない。だから、ここで述べる各ステップに注意深くしたがって計画を立ててほしいのだ。私が提案する計画はリスクとリワードの管理にかかわるものである。リスクとリワードの管理をしっかり行えば、トレードで成功できるのだ。

失敗する必要などない。成功できるのだ。トレードセミナーや銘柄選択のニュースレターを宣伝するメールやウェブサイトで見られるような夢を現実のものにできるのだ。収入は増え、トレードだけで生計を立てることだって夢ではない。数年前、人気の雑誌や新聞に私のストーリーが載ったように、あなたのストーリーも雑誌や新聞で紹介される日が来るだろう。スクリーニングの前に毎日数時間座り、マウスをクリックするだけで、自宅ででも、コーヒーショップや公園やベンチなどあなたの好きな場所で、お金を稼げるのだ。しかも大金を。しかし、その夢を実現するためには、計画を持たなければならない。

計画を作成しても、比較的失敗が多い時期というものはある。正直に言って、このビジネスには保証はない。経済的なリスクは付き物だ。また、メンタル面や人間関係が危険にさらされることもあるが、これはしっかり認識し原因を究明する必要がある。しかし、計画を立ててそれに忠実に従うことで、こうした痛みは最小限に抑えることができるし、場合によってはまったくなくすことも可能だ。この第3章ではその計画を紹介する。何があっても守ることを固く決意しよう。

計画はシステムではない。計画はセットアップでもない。また計画はトレードのグルたちのご宣託による銘柄選択でもない。計画とは、システム、セットアップをトレードしたり、銘柄を選択したりするとき、リスクを最小限に抑えながら利益を最大化し、あなたのお金に何があっても身体的、感情的、精神的な健全を保つために行うものである。計画とは現実主義なのである。夢見る人は破産する。現実主義者こそが明日もトレードできるのである。

10％の聡明な人

まだこの第3章を読んでいるあなたは、自分のことを聡明な人と思ってよい。あなたはトレードで生計を立てられる10％の人に含まれる

人である。大部分の読者は、早くトレードシステムの章の行きたくて、この章は重要ではないとして飛ばす。彼らは先に行きたくてたまらないのだ。毎日マーケットメーカーの手に落ちる何十億ドルというお金の分け前に預かりたくてたまらないのだ。しかし、彼らの多くは失敗する。

そのプロセスとはこうだ。ジョーは私のシステムを市場で使う。最初はゆっくり始め、最初のいくつかの勝ちトレードを手にすると大きく出る。何日か利益の出る日が続くと自信がついてきた。儲けたお金で何を買おうかと、もう夢見心地だ。利益を再投資すれば、口座は何十億ドルになるだろうと、計算機をたたいて計算する。彼は信用取引をやろうと思い、口座にさらに現金を入れておくことにする。eベイでずっと欲しかったギターを高値で入札した。

ところが、今度は立て続けに負ける。最初の赤字の日は、まぁこんな日もあるさ、と軽く流す。ほんのわずかの赤字にすぎなかったため、彼は利益を計算し直し、予定していたリタイアを数年先送りし、翌日フルポジションを建てた。しかし、今度も予想どおりにはいかず、引けまであと1時間というところで深い穴に落ちたことを悟る。デイトレードをオーバーナイトすれば、寄り付きでのギャップが損失の大部分を穴埋めしてくれ、また最初からやり直せると思った。しかし、翌日は最悪の日となる。寄り付き前にFRB（連邦準備制度理事会）が利上げを発表し、先物が暴落したのだ。さらなる損失を恐れて、彼はポジションをすべて手仕舞い、ウルトラ・インバースETFを買った。最初の5分間で汗びっしょりになった。ところが彼のポジションはギャップを埋めて上昇し続ける。イライラした彼は、ウルトラ・インバースETFのポジションを2倍に増やす。寄り付きでのギャップが埋まる10時30分ごろには反転すると思ったからだ。しかし、反転することはなかった。強気筋は大引けまでそのまま進撃した。ジョーはすべてを売り、その日は安全地帯をはるかに下回る水準で終わった。

次にジョーの示す反応は、計画を立てることがなぜ重要なのかを示している。彼は、「カーの本にあったシステムはこの市場ではうまくいかないようだ。少しいじれば、きっとうまくいくはずだ」とひそかに思う。ジョーは非常に独創的な人物で、バックテスト用ソフトウエアをいじるのが大好きだ。それで彼は私のパラメーターを入力する。ところが、移動平均線やストキャスティックスの設定を変え、当初のセットアップにはない条件をいくつか付け加えたのだ。バックテストの結果は見事なものだった。これに気を良くした彼は自分の考えの正しさを確信し、新たな希望を胸に、またトレードを再開する。サイクルは繰り返すものだ。最初は勝ちトレードで始まり、自信をつけた彼はエクスポージャーを増やす。リスクを増やし、あわてふためいて意思決定をしたため、大きなドローダウンを喫する。

　私はまさにジョーだった。そして私がコーチした多くの顧客もジョーだった。トレードシステムに問題があったわけではない。計画が必要だっただけなのだ。もちろんあなたも計画が必要だ。本書を読めば勝てるシステムは手に入る。でも、これらのシステムで実際に勝つには計画が必要であり、その計画には忠実に従わなければならない。どうかこれから述べる5つのステップを実行してほしい。成功を保証することはできないが、これらの5つのステップを実行しなければ失敗することだけは保証できる。

トレード計画の5つのステップ

　これらの5つのステップは、私の14年にわたるトレード経験と、8年にわたるトレードコーチとメンターとしての経験から生まれたものだ。何がうまくいって、何がうまくいかないのかを長年にわたって見てきた。トレードで生計を立てられるようになる人とそうでない人とを分かつものを知っている。本書を読んでいる読者には、トレードで

生計を立てるという選択肢を少なくとも持ってもらいたい。これを実現するためには、次の5つのステップにしたがって計画を立てる必要がある。

ステップ1　説明責任を負う人を見つける

　これはおそらくは計画のなかで最も難しい部分だ。トレーダーは基本的に一匹オオカミだ。だからこそ、彼らはトレードに魅力を感じるのだ。だれかのために働くのではなく、自分自身のために働くという考え方が彼らは好きだ。彼らはトレードが与えてくれる匿名性と非依存性が大好きだ。しかし、私の経験から言えば、「秘密裏に行った」ことは抑えがたい欲望につながることが多く、依存症になることもある。トレードが抑えがたい欲望になれば、それは不健全だ。依存症になれば破滅することもある。こうしたことを防ぐひとつの方法は、自分がやっていることを秘密にしないことである。もしあなたのやっていることが良いことなら、だれかと共有すればよいではないか。経済的安定を高め、より良い将来を築くために対策を講じることは良いことだと思う。

　ステップ1は、「説明責任を負う」パートナーを見つけることである。信頼でき、あなたの人生に貢献してくれ、あなたのやっていることを理解してくれる人を探すのだ。物事がどう進んでいるのか詳しく報告するために、その人とは定期的に連絡を取り合う必要がある。その人は客観的なフィードバックを与えてくれる人でなければならず、そのフィードバックが酷評であっても、あなたはそのフィードバックを快く受け入れ対処する必要がある。

　説明責任を負う人に初めて会うとき、何を言えばよいのか分からない人は、次の言葉を参考にしてもらいたい。だいたいこれと同じようなことを言えばよい。

このクールなトレードの本を読んだばかりなんだけど、ここに書いてあるシステムのいくつかを試してみたいと思っているんだ。君はこれに興味がある？　もしあるのなら、定期的に連絡を取りたいんだけど、どうかな？　私がどんなふうにやってるのかを君に連絡して、何がうまくいき、何がうまくいかないのかを一緒に考えてもらいたいんだ。そうすれば軌道から外れないでいられると思うんだ。私は君の意見はどんなものでも受け入れるつもりだ。だから何でも忌憚なく言ってほしい。この提案、どうかな？

あなたのトレードのことをだれに話すかを決めるのは簡単だ。結婚している場合は、伴侶に話さなければならない。伴侶に隠れてトレードしても、もめ事の原因になったり、もっと悪いことにもなりかねない。だからこれだけはやめよう。結婚していない場合は、親しい人を選ぶ。両親、子供、兄弟姉妹、親友、仕事仲間なんかよいだろう。また、これは金融のプロにも話す必要がある。あなたが成功すればその金融のプロはあなたを顧客としてつなぎとめられないかもしれない。しかし、その金融のプロはあなたのやっていることに興味があり、何か学びたいと思っているはずだ。

ステップ２　当初資金を決め、口座にお金を入れる

説明責任を負う人が決まったら、次は当初資金を決めなければならない。「当初資金」とは、あなたがトレードしようと思っている口座に入れておくお金を意味する。ミクロトレンドトレード専用の口座に入れておくお金である。ミクロトレンドトレードには長期投資用口座を使ってはならない。貯蓄口座を使ってもならない。この第２ステップでのあなたの仕事は、ディスカウントブローカーに新しい口座を開

き、ミクロトレンドトレードにだけ使う資金を入れることである。

　当初資金を決めるのには2つのステップを要する。まず、どれくらいのお金を失ってもよいかを決める。これは直観と相いれない考え方かもしれないが、うまくいく。この新しいトレード体験でどれくらいのお金を失ってもよいかを決めるのは、ドローダウンに対する厳しいフロアを設定するということである。トレードをやっている最中に「ギブアップする」数字に達したら、文字どおりギブアップする。つまり、すぐにトレードをやめ、ほかの趣味に移れということである。そのフロアの上にいるかぎり、あなたのトレードは続く。トレードで成功するという希望と夢はまだテーブルの上にあるわけである。

　最大損失許容額は説明責任を果たす人と一緒に決めるのがよい。結婚している場合は、この数字はあなたの伴侶と一緒に決める。物事がうまくいかなくなったらやめるポイントというものをあらかじめ知り、同意していれば、伴侶はあなたがやっていることに安心感を抱くはずだ。この「リスク資産」の数字はあなたとあなたのパートナーとの間の決め事なのである。パートナーに連絡をとるたびに、あなたは口座資金がその数字に対してどれくらいの水準にあるかを報告しなければならない。そして、その数字に達したら、いさぎよく閉店する。

　ミクロトレンドトレードのやり方を学ぶ間に、あなたはどれくらいの損失を許容することができるか。一般的なガイドラインとして、リスク資産の最大額を決めるとき、次の式を使うことができる。

　（税引前の1カ月の収入－1カ月の固定支出）×2

　したがって、1カ月の収入が3000ドルで、1カ月の固定支出が、家賃が750ドル、保険が250ドル、車のローンが150ドル、学生ローンの支払いが75ドル、車の保険が50ドル、クレジットカードの支払いが75ドル、教会への納税が300ドルなら、あなたのリスク資産は、

（3000ドル－1650ドル）×2＝2700ドル

になる。

　1カ月の収入が2万ドルで、1カ月の固定支出が、住宅ローンが1万ドル、レクサスとベンツの支払いが1650ドル、別居費用と養育費が3700ドル、別荘の住宅所有者組合費が1000ドル、カントリークラブの費用が550ドル、弁護士費用が1750ドルなら、あなたのリスク資産は同じく2700ドルだ。

　どのような額であっても、完全に失っても、請求書、負債、そのほかの金融債務の支払い能力に影響を及ぼすようなものであってはいけない。つまり、これだけの損失を出しても、今のライフスタイルを変えなければならないようなものであってはならないということである。説明責任を負う人とともにこの額を決めることは、この第2ステップで最初にやらなければならないことである。次にこのリスク資産を3倍する。これが口座に入れなければならない資金額である。例えば、あなたとあなたの伴侶がこの新しい冒険の最大許容損失額を5000ドルと決めたら、口座には1万5000ドル入れなければならないということになる。5万ドル損をしても何の弊害もないと感じれば、口座には15万ドル入れる。

　この3：1の比率（トレード資金が3で、リスク資産が1）はいじらないことが重要だ。例えば、金銭面での支障がなく、ミクロトレンドトレードの学習過程で2000ドル損をしてもよいと感じているが、預金口座に1万ドルあり、それでトレードしたいと思っているとする。あなたはその1万ドルをトレード口座に入れ、2000ドルのドローダウンを出したらすぐにトレードをやめようと思っている。でも、ほとんどの人はこんな規律は守れないのが普通だ。マネーマーケットファン

ド(MMF)に4000ドル入れて、6000ドルの口座を開くほうが、1万ドルをアドレナリンを刺激するミクロトレンドトレードに投資するよりはマシだ。口座に資金を追加するときが必ず来るが、それはトレードキャリアがまさに始まったそのときではない。逆に、リスク資産として1万ドル準備できるが、今トレードに使える手持ちの現金は1万5000ドルしかない場合、リスク資産を5000ドルに減らすか、口座に3万ドル入れられるようになるまで待つのがよい。

さて、当初資金が決まったら、口座にお金を入れなければならない。言っておきたいのは、トレードを始める前に、緊急事態が発生したときのために2種類の現金口座を用意しておく必要がある。ひとつは、1000ドルの当座預金口座で、日々の支払いのために備える。もうひとつは、1カ月の税引前の収入の少なくとも2倍の額を有利子口座に入れておき、より大きな支出に備える。これら2つの口座を開けない場合、本書を読むのはやめて、必要資金が準備できるまで貯金を増やすのが先決だ。これらの口座はいかなる事情があってもミクロトレンドトレード用に使ってはならない。

トレードを始めるに当たって適切な余裕資金がない場合——この景気では余裕資金がないのはあなただけではない——、強力な債務削減・貯金強化計画を立てることをお勧めする。これにはお勧めの方法が2つある。これは少し前、私が多くの負債と少ない貯金で困っているときに役に立ったものだ。それは、クラウン・ファイナンシャル・ミニストリーズ(http://www.crown.org/)か、デイブ・ラムジーのファイナンシャル・ピース・ユニバーシティ(http://www.daveramsey.com/)に登録するというものだ。いずれも収入を増やし、負債を減らし、貯金を増やすための健全で聖書に基づくガイダンスを提供してくれるプログラムだ。これらのプログラムは地方の教会で提供されており、オンラインでも登録可能だ。

緊急事態発生に備えて十分な貯金が準備できたと仮定して、これを

除いた資金をミクロトレンド口座に割り当てる。この景気では、緊急預金を上回る現金でトレードに回せるものはあまりない人もいるかもしれない。だからこそ、トレード口座用の資金を調達するのは創意工夫を必要とするのだ。屋根裏部屋に眠っていたものをeベイに出品して、その収益金で口座を賄った顧客がいる。ハウツーマニュアル（ガーデニング、スケートボード、グリル、ハウツーマニュアルの書き方など）を書いて、それをオンラインで売って資金調達した人もいる。賃貸料やフランチャイズ収入の一部をトレード口座に当てる人もいる。残業をしたり、ウェブサイトビジネスを立ち上げたり、単に支出を減らし、その分を何カ月にもわたって貯金した人もいる。『トレンド・トレーディング・フォア・ア・リビング』で書いたように、私は最初の２つのトレード口座はサマースクールで教えて賄った。

　トレード口座の資金を賄う方法としては、楽しくて創造性に富んだ方法がたくさんある。ひとつだけやってはいけないのは、お金を借りてトレードすることだ。有名な先物トレーダーであるマーク・クックは両親の農場を抵当に入れてお金を借り、そのお金をトレード口座に入れた。しかし、50万ドルの損失を出してしまったのだ。全部返すのに数年を要した（この話は『**マーケットの魔術師【株式編】**』［パンローリング］に詳しく載っている）。クレジットカードのキャッシングサービスを使いたい衝動に駆られることもあるだろう。でもそれは絶対にダメだ。考えることすらならない。

ステップ３　収入とROIの目標を設定する

　説明責任を負う人を見つけ、トレード口座を開設して、ここまで損失を出したら「やめる」というリスクを限定する数値を設定したら、最初のミクロトレンドトレードを行うための次のステップは、ミクロトレンドトレードでどれくらいの収入とROI（投資収益率）を得るか

という現実的な目標を設定する。次に述べる数字はベンチマークとなるもので、それによって進捗具合をチェックする。

　税金、手数料、システムの分散化について一言言っておきたい。これら３つのものはあなたの純利益とROIに影響を及ぼすものだ。まず、本書（および、『トレンド・トレーディング・フォア・ア・リビング』）で紹介するすべてのシステムによって得られる利益は短期キャピタルゲイン税の対象になるもので、スケジュールＤ税の納税申告書で申告しなければならない。連邦政府はトレードは抑制し、投資は奨励しているので、短期キャピタルゲイン税は長期キャピタルゲイン税よりも高い。ミクロトレンドトレードで堅実に利益が出るようになったら、税金のプロに相談して、IRS（米内国歳入庁）に奨励されるような方法で節税する方法（慈善事業への寄付、IRA［個人退職金口座］投資、財団法人を設立するなど）を考えることをお勧めする。

　短期トレードを抑制するために、米国議会は今、トレードの手数料に課税することを検討中だ（この本が出版されるころにはもう議会を通過しているかもしれない）。これは各トレードの手数料に0.25％の税金をかけるというもので、もちろん一般トレーダーも避けては通れない。インタラクティブ・ブローカーズやMBトレードのように１株単位で手数料を課すディスカウントブローカーを使っているのであれば、どれくらいアクティブにやるか、またポジションサイズによっても違ってくるが、100株トレードするごとに0.5セント手数料が上乗せされることになり、１カ月でいえば２ドルから20ドルの追加経費となる。大したことはないように思えるかもしれないが、トレードを始めたばかりの小口口座のトレーダーは１カ月に50ドル程度しか純利益が出ないのが普通だ。つまり、この新税によって利益が40％も目減りしてしまうことになるのだ。Ｅトレード、フィディリティ、シュワブのようにトレード単位で手数料を課すブローカーを使っているのであれば、この新税によって１トレード当たり2.5セント利益が目減りす

ることになる。1カ月で言えば50ドルから500ドルの追加経費となる。今はまだ心配する必要はないが、そのときが来たら、コストを減らすための対策が必要だ。

　3つ目の問題はシステムの分散化だ。本書では8つの異なるシステムを紹介するが、それらは2つのタイプに分かれる。ワンデイ・トレード・タイプとマルチデイ・トレード・タイプの2つだ。理想的には、どの月でも、またどの週でも、さらに毎日、これらすべてのシステムを使うことが望ましい。これを「システムの分散化」という。1回に複数のシステムをトレードすることで、システムの周期的な損失リスクを低減することができる。しかし、これをやる能力、したがってあなたの収入とROIに対する影響は、2つのことによって制限される――どれくらいの時間トレードしなければならないかと、どれくらいの資金がトレード口座に入っているか、だ。パートタイムトレーダーは1回に8つのシステムのすべてでトレードすることは不可能だろうし、時間的な制約によって複数のシステム（例えば、オープニングギャップ・システム）でトレードすることもできないかもしれない。これに対して、フルタイムトレーダーは高い収入とROIを達成することができる。

　トレード口座のサイズに関しては、2万5000ドルが目安となる。2001年に可決されたSEC（証券取引委員会）の規定によって、口座が2万5000ドルよりも少ない場合、5日間の間に手仕舞いできるデイトレードは3つまでである。4つ目を手仕舞ったら、3つ以内のデイトレードを手仕舞う5日間が過ぎるまで口座は凍結される。つまり、口座が2万5000ドルよりも少ないトレーダーは、私のマルチデイトレード・システムは3つのトレードでしか使えないということであり、これによって収入とROIは制限されてしまう。

　それでは、収入とリターンの話に戻ろう。私はこれらの数字を3つの主要な入力量に基づいて決めた――私のミクロトレンドトレードの

バックテストの結果、顧客がこれらのシステムで達成した結果、私がこれらのシステムで達成した結果——の３つだ。これら３つの入力量のうち、最初の入力量は楽観的すぎる傾向がある。バックテストの結果はそれなりに意味があるが、これから述べる理由によって、達成不可能な理想である傾向が強い。だから、バックテストの結果のみに依存することはしない。バックテストの結果は、システムの開発中に正しい軌道に乗っていることを示しているにすぎない。メカニカルなバックテストには説明できない多くの変数が含まれるため、バックテストからは実際の結果は予測できない。

　２番目の入力量は私の顧客がこれらのシステムで達成した結果だが、これは最初の数カ月、あるいは最初の数年、ミクロトレンドトレードで達成できるより現実的な数字を示している。トレード初心者の人は、堅実に利益を得られるようになるまでには時間がかかるだろう。ベテランの長期トレーダー、つまりスイングトレーダーやポジショントレーダーの場合、短い保有期間に調整するのに時間がかかるだろう。トレードを手仕舞うまで忍耐強く待つというこびりついた癖を排除しなければならないからだ。短期トレードの経験がある人でも、新しいシステムを学ぶのには時間がかかるだろう。これまでこれら３つの部類に属する多くの顧客にかかわってきたが、「トレーニングの間は」平均以下のリターンしか達成することができない。経験を積むことが重要だということである。

　３番目の入力量は私がこれらのシステムで達成した結果だが、これはほかの２つの入力量の間の値を取る傾向が強い。どのシステムでもバックテストの結果は、理想と現実とのギャップが発生する。にもかかわらず、私は私が教える人々よりもうまくいくことが多い。少なくとも彼らのトレードキャリアの初期段階においてはそうである。これは単に、トレードの経験が長いことと、システムに対する経験が豊富であることによる。私はインターネットブーム（1995年～1999年）と

その崩壊（2000年～2001年）でトレードしてきたし、9.11の同時多発テロのときもトレードしていた。そして、2003年から2006年のVIXが低下した強気相場のときもトレードしていたし、2008年から2009年の株価大暴落のときも、2010年の急上昇のときもトレードしていた。これらのトレードを通じて、大きな成功も収めたし、大失敗もした。成功と失敗は偉大なる教師であり、ここから多くのことを学び、私のシステムでトレードするうえでの直観のようなものを得ることができた。私の生徒がこれを学ぶのには少々時間がかかることだろう。

　そこで、本書を読み、5つのステップの計画に忠実に従い、ここで紹介するミクロトレンドシステムを改良することなく適用する人のために、ある程度実現可能な目標を紹介したいと思う。**表3.1**に提示したリターンは次のことを前提とする。

- この第3章に提示した5つのステップに忠実に従う。
- 8つのトレードシステムのすべてを定期的に使う。
- トレーダーは少なくとも6カ月のフルタイムのミクロトレンドトレードの経験がある。
- 平均で10回のトレードを毎日行う。
- ポジションサイズは口座全体（2万5000ドル以上）を10に分けた額を基本とする。
- すべてのトレードの勝率は60％（勝ちトレードと負けトレードの比率は3：2）。
- VIXは平均で常に30を下回る（比較的ボラティリティが低い）。
- ディスカウントブローカーを使う（1株単位で手数料を課すブローカーと、1トレード単位で手数料を課すブローカーは選択できる）。
- 純利益は月単位で再投資する。

　これらのパラメーターに加え、ポジションサイズが時間とともに変

表3.1　ミクロトレンドトレードによる予想収入とROI

年	当初資産	1月の収入	12月の収入	年間収入	累積収入	累積ROI
1	$ 25,000	$ 788	$ 1,108	$ 11,272	$ 11,272	45.1%
2	$ 36,272	$ 1,143	$ 1,607	$ 16,354	$ 27,626	145.1%
3	$ 52,626	$ 1,658	$ 2,332	$ 23,728	$ 51,354	210.5%
4	$ 76,354	$ 2,405	$ 3,383	$ 34,426	$ 85,780	305.4%
5	$110,780	$ 3,490	$ 4,908	$ 49,948	$ 135,728	443.1%
6	$160,728	$ 5,063	$ 7,121	$ 72,469	$ 208,197	642.9%
7	$233,197	$ 7,346	$10,322	$105,143	$ 313,340	932.8%
8	$338,340	$10,658	$14,991	$152,550	$ 465,890	1,353.4%
9	$490,890	$15,463	$21,750	$221,331	$ 687,221	1,963.6%
10	$712,221	$22,435	$31,556	$321,125	$1,008,346	2,848.9%

わることを想定して、手数料は1株当たり0.01ドル（ただし、トレードできるのは1000株まで）か、1トレード当たり9.99ドル（1000株以上も可能）のいずれかを選ぶ。さらに、取引日の最中はいつでもワンデイ・トレード・ポジションとマルチデイ・トレード・ポジションは混在する。最後に、**表3.1**に示したリターンには短期キャピタルゲイン税も、チャート作成パッケージ、スクリーニングソフトウエア、インターネットサービスなどの月額料金といった諸経費も含まれていない。トレードを始めて最初の1年は、税金や諸経費はトレードで得た収入の半分にもなることがある。大きな口座サイズで利益が出るようになると、税金や諸経費は純利益の10％を下回り、IRSが認めた税の優遇策を使えばさらに下がる。

　表の数字は控えめに見積もったものだ。これらの目標を達成するためには、手数料を差し引いたあとの1日の平均利益が、1日当たりの

トレード資金の0.15％（１カ月換算ではおよそ3.2％の純利益）であればよい。これは比較的ボラティリティが低い市場であることを考えると、またどんな堅牢なシステムでもエラーがあることを考えると、妥当な数字だ。ボラティリティの高い市場で素早くかつ着実にトレードを行う人は、これよりも多くの利益が期待できる。

　１日の純利益が15ベーシスポイントということは、２万5000ドルの口座サイズで１日の純利益が38ドル未満ということになる。毎日10回のトレードを手仕舞って、それに対する往復手数料をカバーしたうえでこの目標を達成するには、１トレード（100株）に対して平均で６セントの純利益を得ればよい。100株に対して６セントということは、往復手数料の２ドルを差し引いたあとの利益が４ドルということになる。したがって、10トレードでは手数料差し引き後およそ38ドルが毎日の終わりに口座に入ることになる。38ドルというと大した額ではないように思えるが、同じペースを維持できれば７年後には６桁の収入を手にすることができる。１回わずか６セント。プロになるにはたったこれだけ稼げばよいのである。これぞまさにミクロトレンドトレードの威力である。

　これらの数字からは、トレードで生計を立てるには、そして少なくとも家族を養っていくには、10万ドル以上の口座がなければムリではないかと思うはずだ。これは新人トレーダーが見落としやすい点だ。希望に満ちた新人トレーダーから無数のメールをもらうが、彼らは１万ドル以下で始めても「トレードで生計を立てる」ことができるかどうかと聞いてくる。今の仕事を辞めてトレードで生計を立てることを考えるには、少なくともその10倍の資金が必要で、最低でも６カ月のトレード経験がなければならないと言うと、ほとんどの人からは返答がない。前にも言ったように、トレードは「手っ取り早く儲かる」ものではない。しかし、忍耐力とやる気がある人にとっては、「ゆっくりと金持ちになる」最高のアドベンチャーだ。

ステップ4　小さく始めて、ルールにのっとってサイズを増やす

　説明責任を負うパートナーに携帯電話の番号を教えて、定期的に電話してくるように明確な指示を出し、トレード口座を開いて十分な資金も入れ、トレード資産とリスク資産の比率を３：１に設定し、月々および年間の収入目標も設定した。さて次のステップはビッグステップだ。実際にトレードするのだ。つもり売買のことは忘れよう。バックテストのことも、改良のことも忘れよう。心理面を完璧にすることも忘れよう。トレーダーとして成功する唯一の方法は、実際のお金を使って度胸をすえてトレードすることである。私の祖父はよく言ったものだ。「エサを投げ入れなければ魚は釣れない」と。ここまでのステップに忠実に従ってきたのであれば、先糸も浮きもルアーも、エサのついた釣り針も準備できているはずだ。いよいよ釣り針を投げ入れるときがやって来た。

　私のシステムを使ってミクロトレンドトレードを始めたばかりの人に最高のアドバイスがある。それは、「小さく始めよ」だ。初心者にとってこれは特に重要だが、ベテランのデイトレーダーであっても新しいトレードテクニックに馴染むためにゆっくり始めたほうがよい。本書を読み、私のシステムで成功したいと思っている人全員に提案したいのは、次に述べる４段階のプロセスに従うことである。第１ステージは、新人トレーダーやデイトレードが初めての人にとっての出発点である。第２ステージは、デイトレードの経験はあるが、そのほとんどがスイングトレードやポジショントレード（長期トレード）だった人にとっての出発点である。第３ステージは、ベテランデイトレーダーにとっての出発点である。これら３つの出発点には共通する重要な戦略がある――私のシステムが初めてのトレーダーはまずは限定された数のシステムで、限定された数のデイトレードを行い、特定の利

益目標に達したらどちらも増やしていく。また、これら3つの出発点には共通の目標がある――第4ステージに達するころには、毎日最大で10のポジションを同時に建て、8つのトレードシステムのすべてを使い、口座に入ってくる1ドル1ドルが日々の収入になる。

私が米国で始めて正規の教員の職を得たとき、オックスフォードの博士課程を出たばかりで、大学生に教えたことはなく、ましてや米国の大学生に教えるのは初めてだった。経験の必要性を認識した学部長は、私にひとつのクラスのみ（基本的な入門過程）を割り当てた。初年、私はそのコースを8回教え、サマースクールでも2回教えた。2年目は認められ、選択科目を教えることが許された。3年目には、自分自身のコースを作ることを許可された。そして6年目には、私が教えるすべてのコースは自分で設計した。この下積み時代に私は多くの過ちを犯した。しかし素晴らしいアドバイスが与えられ、それに基づいてやり方を変えた。初年に同じコースを何回も教えなければこんな進歩はなかったはずであり、毎回メンターの親切な助言を取り込んだからこそ、こうした進歩が得られたのである。トレードもまったく同じである。ひとつのスキルに集中し、それを応用する方法を学んだら、次のスキルに進め、ということである。どのミュージシャンも言うではないか。「最初は音階、次に音楽だ」と。

この類推から、「トレード技術」を学ぶのに次に述べるスケジュール表を使うことをお勧めする。最終目標は、毎取引日、8つのミクロトレンドシステムのすべてを使ってフル投資することである。この目標に安全に到達するためには、小さく始めることが重要だ。利益を生みだすアートを習得するまで、ここで紹介するシステムの一部を使って、口座の一部のみを使って始める必要がある。特に、これから教えるスキャンに大きな市場機会が現れたとき、多くの現金をサイドラインに残すことをためらう人は多い。でも、このように考えてもらいたい。つまりほかの職業では、あなたの能力と信用性をまず証明する必

要があるということである。トレードでも同じである。2つのシステムを使って100株のトレードを4回して利益を出すことができなければ、8つのシステムを使って1万株のトレードを10回して利益を出すことはできない。

　表3.2に示した各新しいステージは、前のステージの利益目標を達成したときにのみ挑戦すべきである。月々の利益目標は丸々1カ月トレードしたときの純利益を示している。月末が来るまでにこの利益目標に達しても、月末まで同じペースでトレードしなければならない。1カ月間（22取引日）トレードしたときにこの利益目標以上の利益を出したときのみ次のステージに進むことができる。各トレードの資金は常に口座サイズ全体の10％にしなければならないことにも注意しよう。これはステージ4に達したら、毎トレード日、ミクロトレンドシステムにフル投資していることを意味する。それまではシステムの数も限定し、同時に建てる未決済ポジションの数も限定しなければならない。ここで良いニュースがある。着実に進歩することで、新人トレーダーでもわずか3カ月のトレードで完全に機能するようになる（ステージ4に到達する）。ほとんどのトレーダーは完全に機能するようになるまでにはこれ以上の時間がかかる。どれくらいかかるかは気にする必要はない。あなたの目標はトレーダーとして安全に生き延びることなのである。

　前に述べた条件を満たしていると仮定するならば、あなたのトレード口座には少なくとも2万5000ドルのお金が入っているはずだ。前にも述べたように、トレード口座がこれよりも少ない場合、SECの規定により私のマルチデイ・システムしか使えない。2万5000ドルを下回る口座でも、口座を凍結されることなく週に3回までデイトレードができ（ポジションを手仕舞うことはできるが、新しいポジションは建てることはできない）、これによって利益目標を達成することができる。しかし、これまで2万5000ドルよりも小さい口座でトレードした

表3.2　トレードサイズと収益の増加スケジュール

口座サイズ	ステージ1				ステージ2				ステージ3				ステージ4			
	A	B	C	D	A	B	C	D	A	B	C	D	A	B	C	D
$25k	2	4	$2,500	$225	4	6	$2,500	$385	6	8	$2,500	$540	8	10	$2,500	$775
$50k	2	4	$5,000	$450	4	6	$5,000	$775	6	8	$5,000	$1,075	8	10	$5,000	$1,550
$100k	2	4	$10,000	$900	4	6	$10,000	$1,500	6	8	$10,000	$2,150	8	10	$10,000	$3,100

注＝「A」は用いているシステムの最大数、「B」は1日の未決済ポジションの最大数、「C」は1トレード当たりの資金額、「D」は月々の利益目標

経験から言えば、週に3回のトレードに限定するよりは、デイトレードなど一切やらないほうがよい。いったん日中トレードモードに入ると、マウスに手をかけないでいることはかなり難しい。小さな口座には制約もあるが、マルチデイ・システムを使えばミクロトレンドトレードで健全な利益をエンジョイすることはできる。

さらに、より大きなリスクに耐えられる小口口座のトレーダーは私のワンデイ・システムのEミニ先物（ES、NQ、YM、TF）への適用を考えてみてもよいかもしれない。ロジックに反して、Eミニの先物にはパターン・デイトレード・ルールが適用されない。1枚のポジションの証拠金は安く、スキルがあり、規律を守り、堅牢なシステムがあれば驚くほどの利益を手にすることができる。ただし、1万ドル口座が「ここまで行ったらやめる」というリスク限度に達するのには、10回負ければ事足りる。したがって、長期的な成功を目指す安全で確実な方法は、株とマルチデイ・システムに専念することである。利益を貯蓄し、月々の利益を再投資すれば、定期的にデイトレードするのに必要な2万5000ドルにはすぐに達する。その時点で、より利益の出るワンデイ・システムの併用を考えればよい。

次に進む前にこのステップについて最後に一言言っておきたい。それは、3カ月続けて利益目標に達しない場合は前のステージに戻ってそこからやり直すというルールを厳格に守ってもらいたいということである（ステージ1にいる場合は、リスク資産に達するか、利益目標に達するかのいずれかになるまで、ステージ1でのトレードを続ける）。これは成功するトレーダーが最も守らなければならないモットー――「ドローダウンを喫したら、トレード量を減らせ」――に相当する。私のトレード仲間の1人は、「損をしたら、トレード量を減らせ！」と太字でポストイットに書いてモニターに貼っている。あなたのモニターにはこういったネガティブな言葉を貼り付けることはお勧めしない。ネガティブな宣言は自己達成的予言になる傾向があるから

だ。しかし、今学習段階のどのステージにいて、３カ月続けて平均を下回るパフォーマンスを喫した場合はどこに行くべきかを思い出させてくれるようなものは役立つ。そこでお勧めしたいのは、前のスケジュール表（**表3.2**）のコピーをトレードデスクの目に見える場所に貼っておくことである。

ステップ５　10－10－80計画に従え

　10－10－80計画については前著『トレンド・トレーディング・フォア・ア・リビング』に書いた。これはステップ２で推奨した２つのマネーマネジメントシステム――クラウン・ファイナンシャルとファイナンシャル・ピース・ユニバーシティー――に必要不可欠な要素だ。10－10－80計画は人間を繁栄させる永遠の原理に根ざしたものだ。この計画はトレードビジネスに対する規律とトレードへの動機に対する利己心をはるかに上回る目的とに関するものだ。大企業のすべてがこの10－10－80計画で経営されていれば、全世界の人口の３分の２は飢え、貧困、治療可能な病から救われる。１人ひとりが同じことをすれば、世界は良いニュースと癒しで満たされるだろう。政府の福祉プログラムは受容者がいなくなり、失業は自分の意思で仕事を持たないレベルにまで減るだろう。この地球上のすべての人類に必要なヘルスケアは民間企業のイニシアティブと医学研究の発展により満足のいくものが提供されるだろう。

　10－10－80計画とは、国家のGDP（国内総生産）のおよそ20％を個人口座と宗教理念に基づいた社会活動プログラムに充てるというものだ。そうすることで、長期的には、生産性、善意、福祉は向上する。これはとても簡単だ。毎月あなたが稼いだ純利益の10ドルのうち、最初の１ドルを慈善事業に寄付し、次の１ドルは非課税口座に貯金し、残りの８ドルで好きなことをやる。こうすれば、あなたのトレード収

入はあなたと家族のためになるだけでなく、われわれの助けを必要としている他人のためにもなる。

　十分な経験を積み、健全なシステムがあり、それらに従うという規律を持てば、オンライントレードでお金を稼ぐことはとんでもなくたやすい。静かでリラックスしたムードで副収入を得られるのは驚くべき恩恵だ。トレードはまさに理想的なビジネスと言ってもよい。倉庫に在庫を持つ必要もなく、口論をするサプライヤーもおらず、送料もかからず、従業員のストライキもない。学位や資格もいらず、達成すべき売り上げ目標もなく、ボスは市場だけ。マウスをクリックするだけでその世界に入れる。でも、それは何のため？　目的は何？　短パン姿のまま、モニター上でラインが形成されるのを見て、利益が膨らむと左クリックする。正直言ってこれはものすごく楽しい。少なくともお金を稼ぐ部分は最高だ。しかし、これは目的のない活動にすぎない。大いなる理想もなく、散らかりっぱなしで、（他人のためにマーケットをメークして、今度は他人があなたのためにマーケットをメークする以外）サービスも提供されない。これは「目的に導かれた人生」ではない。

　あなたの稼ぐ一部を、教会を建て、奨学金を提供し、病気を根絶し、孤児に家を与え、人身売買から子供たちを救うために与えることは、利益を稼ぐというあなたの趣味をパワフルで建設的な事業に変えるのに役立つ。そう、10－10－80計画とは「敬虔なこと」なのだ（聖書は「10分の1税」を提案している）。あなたはそうは思わないかもしれないが、神は責任の原理を自然界の法則のように機能するように設計した。重力や健全な栄養から恩恵を受けるために信者である必要はない。経済的な寛大さについても同じことが言える。

　米国の1世帯当たりの収入の中央値はおよそ5万ドルだが、教会を含め慈善事業への寄付は1世帯当たり年間で平均わずか1000ドルである。これは世帯収入のわずか2％である。キリスト教徒はこの2倍の

額（2210ドル）を寄付するが、非キリスト教徒の寄付は1000ドルよりも低い642ドルである。貧困層（5.5%）のほうが富裕層（3%）に比べると寄付金の割合は高い。しかし、神の標準に達する者はいない（この統計量の情報源は、『Income, Poverty, and Health Insurance in the United State, 2006』［アメリカ合衆国国勢調査局］、「Charitable Giving per Capita」2001［『U.S.News & World Report』］、アーサー・ブルックス「A Nation of Givers」2008［『The American』］）。

　神の標準がよく分からない人は、次のように考えるとよい。最近の研究によれば、寛大な人は強欲な人よりも幸せである。正確に言えば43%もより幸せである（2007年にアメリカの3万世帯を対象に行われたソーシャル・キャピタル・コミュニティー・ベンチマーク・サーベイによる）。経済学の入門書に書いていないことは、富と幸福との間には関連性はないということである。意外だ。しかし、寛大さと幸福の間には強い関連性がある。つまり、収入の一部を定期的に慈善事業に寄付する人は、定期的に運動する人よりも健康なのである（『サイエンス』2008年3月号、エルサ・ヤングステッド）。

　個人による慈善事業への寄付は原因と結果の因果を生み出し、与えた者だけでなく、国家、ひいては全世界に経済的成長をもたらすことを証明する強力な証拠がある。例えば、最近行われたソーシャル・キャピタル・コミュニティー・ベンチマーク・サーベイによれば、慈善事業に寄付されたお金は、寄付した直接的な結果として、100ドル当たり個人の所得能力を375ドル増大させることが分かった。したがって各世帯の収入5万ドルで10-10-80計画を実施し、平均的な寄付金額を1000ドルから5000ドルに増やせば、世帯収入は6万8000ドルに増えるのである。

　恩恵はこれだけではない。インディアナ大学の博愛主義センターの学者によれば、慈善事業に寄付したお金は100ドル当たりGDPを1800ドル上昇させる（アーサー・ブルック「Giving Makre You Rich」、

『American Enterprise Institute for Public Polocy Research』2007年11月号)。したがって、米国の各所帯が年間収入から寄付するお金を今の2％から10％に増やし、慈善事業に寄付するお金をおよそ500億ドル増やせば、GDPは急上昇することになる。国家債務のことは忘れよう。そんなものは1年もすれば返済できる。ヘルスケア？　それも支払われる。社会保障？　永遠に保障される。第三世界の債務は？　免除される。

　献金と、個人、国家、そして世界の繁栄との間にはどんな関係があるのだろうか。経済的な関係とは違って、このつながりは機械的なものではない。「施し」をすることについて説明しよう。例えば、神経科学者は利他的なことをするときに刺激される脳の部位を発見した。この部位は食物や家に対する日々のニーズをわれわれが満足させることにも関係のあることが分かった。つまり、無私無欲の施しはわれわれの脳に日々のニーズを満足させるように、より懸命に働くことを促すのである。私が以前言ったように、寛大であることは人を幸福にし、幸福な人々はより効率的で自信を持ち、職場でも昇進することが多い（ステファン・ポスト「Altruism, Hapiness, and Health : It's Good to be Good」、『International Journal of Behavioral Medicine』12（2）:66-77, 2005）と心理学者は指摘する。

　これらの説明には興味をかき立てられるが、説得力はない。脳内化学や、何だか温かくもわっとする感情は、教会の献金皿により多くのお金を寄付するという理由だけで個人所得が30％上昇したり、国家の繁栄が18倍に膨れ上がることを説明するのには十分ではない。ここにはもっと大きな何かが働いているのだ。献金と繁栄との関係に対するひとつの回答は、マラキという無名のヘブライ人神父が2400年以上も前に書いた聖句のなかに見ることができる。けちな国家を前に、マラキは厳しい警告と信じられないような約束を提示した神を代弁する（マラキ書　第3章8～10）

人は神の物を盗むだろうか。しかしあなたがたは、わたしの物を盗んでいる。
　でも、あなたがたは言う。「どうしてわれわれがあなたの物を盗んでいるというのか」
　10分の1と、ささげ物をもってである。
　あなたがたは、のろいをもって、のろわれる。なぜならあなたがたすべての国民は、わたしの物を盗んでいるからである。
　「わたしの家に食物があるように、10分の1全部をわたしの倉に携えてきなさい。そしてこれをもってわたしを試しなさい。わたしが天の窓を開いて、あふるる恵みを、あなたがたに注ぐか否かを見なさい」と、万軍の主は言われる。

　国家の経済的苦境に対するマラキの説明をあなたが受け入れるかどうかは分からない。私もずっと前は受け入れられなかった。けちに対するのろいと、神が与えることを信じることに対する恵みは、私の理論的な心にはバカバカしい無邪気さの遺物のように思えたからだ。しかし、信仰心を持つようになる（これは別の機会にお話ししよう）と、その遺物と約束は現実味を帯びてきたのだった。

10－10－80計画の設定

　まだ本書を読んでくださっていればよいのだが、ここで10－10－80計画がどう機能するかを説明しよう。まず最初に、銀行に当座預金口座のほかに、2つの口座を新たに開設しなければならない。どういった収入源であれ、収入を得たら即座に税金控除前の10％を2つの追加した口座のうちの1つに入れる。この口座は10分の1税の口座で、この口座から各暦月の最後に口座の維持費を差し引いた額の小切手を切

る。あなたの選んだ慈善事業に毎月送金するためだ。参考のために言っておくと、私はこの10％を区内の「倉庫」としての教会に寄付し、特別なニーズがあるときには追加献金も行う。さらに、コンパッション・インターナショナルとワールド・ビジョンを通じて数名の子供を支援し、そして子供を売買春（5歳の子供が売買させられているケースもある）から救うためにアジアで活動している2人の牧師もサポートしている。

2番目の10％——これは税引き前の所得の10％であり、10分の1税を差し引いた残りの90％からの10％ではない——は、もうひとつの追加口座に入れる。これは非課税のIRAで、長期の比較的安全な収入と穏やかに成長する投資のために使うお金だ。これは非常時と大きな支出のための貯蓄口座ではないので注意しよう。この2番目の10％は、あとの人生まで触れることのないお金である。

残りの80％は当座預金口座に入れる。このお金はあなたのやりたいことをやるお金だ。でも、まずは請求書と負債を支払っておこう。残りは好きに使ってよい。自分の自由に使えるお金は減るため——20％も減る人がいる——、ライフスタイルを幾分か変える必要があるかもしれない。しかし、マラキが正しいとするならば、減った分はお金とは関係のない方法で補償されるはずだ。

次の第4章に進む前に次のことを確認しておこう。説明責任を負うパートナーは見つけられただろうか。トレード口座には十分なお金を入れ、リスク資産は決めただろうか。現実的な利益目標は決めただろうか。自分のポジションサイズ、用いるシステムの数、日々行うトレードの数は決めただろうか。利益の10％は寄付し、別の10％は退職したときのためとほかの長期目標のためにとっておくことに対して、説明責任を負うパートナーの同意は得ただろうか。これらがすべて整ったら、いよいよ実際のトレードの開始だ。

第4章

注文の種類、損切り、手仕舞い目標
Order Types, Stop Losses, and Target Exits

　コーチの帽子を脱いで、ビジネスの話に入ろう。あなたは市場のミクロトレンドで堅実な利益を生むトレードシステムについて知りたいと思っているはずだ。「ミクロトレンド」とは5日を超えない期間で発生する値動きのことで、それを引き起こす要因がテクニカルインディケーターと価格パターンとによって示される傾向のあるものを言う。

システム開発について一言

　これから紹介するシステムは実際のトレード経験を通じて数年かけて開発したものだ。そのいくつかは『トレンド・トレーディング・フォア・ア・リビング』で述べたものだが、ここでは短期チャートに適用した。システムは、ほかのシステムからいろいろなものを寄せ集めて作ったハイブリッドなものもあるし、私独自のものもあり、他人から学んだものもある。さらには、「いろいろ試したらどうなるだろう」という「好奇心旺盛な直観」から生まれたものもある。8つのシステムの共通点は、ヒストリカルデータによるバックテストと実際のお金を使ったリアルタイムトレードで証明されたように、さまざまな市場で一貫して利益を出した実績がある、という点である。

バックテストについて

　バックテストとは、理論、手法、システムなどをヒストリカルデータを使って評価・最適化するプロセスのことを言う。統計学者からは分析の有効な形とみなされており、実用的な方面に応用されている。例えば、天気予報や温暖化モデルはどちらもヒストリカルバックテストに依存している。経済学者はバックテストを利回り曲線や先行指標分析の予測値を向上させるのに用いる。マネーマネジャーはバックテストされた理論の結果を、特定の資産配分手法を推奨したり、ポートフォリオの株の比率や債券の比率を上げるのに用いる。保険業界は寿命表、都会の交通量パターン、地域の洪水履歴などの作成にバックテストを使う。これは保険料率を決めるためである。

　バックテスト自体は、トレードシステムの構築に使うとき、その限界を理解していれば特に問題はない。トレードシステムのバックテストを行うとき、重要な限界がある。それは、市場は絶えず変化・進化するため、過去にうまくいったシステムが将来的にもうまくいくとは限らないということである。

　分かりやすい例を示そう。今は2000年で、あなたは次のシステムをバックテストしようとしている――各月の第1金曜日にレラティブストレングスのトップ5のハイテク株を買い、毎月リバランスする。あなたはこのシステムを1993年から2000年までの7年間のデータでバックテストした。あなたは、トレードの聖杯を見つけた！と思う。あなたは自宅をリバース・モーゲージし、新しいトレード口座を開き、ヨットを買う。もちろん3年もすればあなたは破産する。理由？　それは、あなたのバックテスト期間はハイテク株の上げ相場と一致し、ナスダック100は1200％上昇するが、実際のトレード期間ではハイテクバブルが崩壊しナスダック100が80％以上も下落したからだ。この話の教訓は、ルックバック期間がただ1つの支配的な市場タイプしか含

んでいなければ、バックテストの結果は役に立たないということである。

　この限界を最小化するひとつの方法は、バックテスト期間にできるだけ多くの市場タイプを盛り込むことである。『トレンド・トレーディング・フォア・ア・リビング』では５つの主要な市場タイプを定義した。強い上げ相場、弱い上げ相場、強い下げ相場、弱い下げ相場、レンジ相場の５つである。私たちにとって幸いなことに、最近では市場はボラティリティが高く、短期間のうちにこれら５つの市場タイプがすべて現れた。私たちはバックテストの期間を2007年の初めから今日（2010年中旬）まで拡大すればよい。そうすれば、強い上げ相場（2009年の第２四半期、2010年の第２四半期）、弱い上げ相場（2007年上期、2009年下期）、レンジ相場（2007年下期、2010年の第１四半期）、強い下げ相場（2008年下期、2010年の第２四半期）、弱い下げ相場（2007年の第４四半期から2008年上期）のすべての市場タイプが含まれる。したがって、2007年１月１日から2010年６月30日までバックテストを行い、各市場状態で正のリターンを示したシステムは、将来的にも堅牢であることが期待できる。

　バックテストの２番目の限界は、システムを利益の出るシステムにする重要な要素は正しくバックテストできないということである。正直に言えば、これはプログラミング技術を持たない私にとっての限界と言ってもよいだろう。しかし、これが私にとっての限界なら、おそらくほかの人にとっての限界でもあると思う。例えば、システムはさまざまなテクニカルなものの組み合わせでバックテストできるが、私は例えば前の支持線水準や抵抗線水準、ブリッシュインディケーターやベアリッシュインディケーターのダイバージェンス、移動平均線の傾きといったものを正確な方法でバックテストする方法を知らない。さらに、ギャップの多いチャートや、方向感のない値動き、出来高の減少、間違った価格データといったシステムを廃棄せざるを得なくな

るようなものをバックテストから排除する方法を知らない。これらがスクリーニングを実行したあとチャートに現れれば、そのチャートは候補として不適格になる。しかしバックテストは、不良品を排除することなく、単に数字をガリガリやるだけだ

　この２番目の限界を避ける唯一の方法は、「目視によるバックテスト」と私が呼んでいるものだ。目視によるバックテストとは、まずルックバック期間の最初の日（ｙ）にさかのぼってテストしているシステム（ｘ）のためにスクリーニングを実行する。チャートを10ページまとめて見れるウオッチリストに入れ、１つずつじっくり見る。そして不良なチャートは排除する。残ったチャート上にシステムｘのルールにのっとって行った仕掛けと手仕舞いを、チャート作成ソフトでｙ日から将来に向けて記録していく。ｙ日にシステムｘで実行可能なすべてのトレードを分析して記録したら、日付を（ｙ＋１）に変えて、同じ手順を繰り返す。この手順をバックテスト期間の最終日まで続ける。

　これはとても厄介な作業だが、これから紹介するシステムのバックテストを行う唯一信頼のおける方法だ。幸いなことに、市場はここ数カ月間さまざまな状態を提供してくれているので、３年分のデータでこれを行えばよい。あなたのテストしているシステムがさらなる追究に値するかどうかはすぐに分かるはずだ。目視によるバックテストによって最初の60日で100回トレードが行われ、そのうちの80回が負けトレードだったとすると、それはさらに追究する価値のないシステムである。目視によるバックテストの単調さを打ち破るのに、スプレッドシートに数字を打ち込み、利益とROI（投資収益率）が上昇するのを見ることほど良い方法はない。

実際のお金を使ったリアルタイムトレード

　限界とその限界を最小化する方法が分かれば、バックテストは私のように新しいトレードシステムを開発したい人にとっては素晴らしいツールだ。しかし、忘れてはならないのは、バックテストの結果は「仮想的」なものであるということである。仮想的な結果はガイド、標識、道標としては役立つが、それ自体は役に立たない。グーグルがどんなに素晴らしい地図を提供してくれても、道路は予期したものとは違うため、A地点からB地点に行くときに道に迷うこともある。地図には車線閉鎖は載っていないし、予期しない遠回りや、「橋、建設中」の標識も載っていない。したがって、A地点からB地点に確実に行き着ける最良のルートを決める唯一の方法は、コンピューターのスイッチを切り、車に乗り込んでとにかく行ってみることである。

　トレードシステムについても同じことが言える。どこかの時点で、（これで遊ぶのは大変楽しいが）バックテストしたスプレッドシートは脇に置き、トレード口座を開き、実際のお金を使ってトレードしてみることだ。これはさておき、「銘柄選択」サービスを提供している者（http://www.Befriendthetrend.com/）として一言言わせてもらいたい。「銘柄アドバイス」の世界における私の競合は、彼らが使っているシステムのとてつもなく素晴らしいパフォーマンスを示してくるだろう。そこで警告しておきたいのは、ページの最後に小さな字で書かれた但し書きを必ず読め、ということである。「仮想的な」トレードパフォーマンスの限界を示す免責条項が書いてあることもあるからだ。つまり、あなたが見ているものは、機械的なバックテストの結果であって、実際のトレードではないということなのである。ウェブサイトで長い連勝が示されていたためあるサービスに加入したら、あなたのパフォーマンスは長い連敗に沈むだけである。なぜならあなたは仮想的な結果に引き込まれただけであって、実際のお金を使ったリア

ルタイムトレードの結果はまったくの別問題なのである。

　本物の魚を釣る方法はただひとつ。それは、釣り竿を実際に水のなかに入れることである。あなたのシステムが良いものかどうか、本当の利益を「キャッチ」できるものかどうかを調べる唯一の方法は、実際のお金を使ってトレードしてみることである。つもり売買なんてやってもダメなのである。つもり売買と実際のお金を使ってのトレードとの関係は、子供と自転車に乗るのとツール・ド・フランスとの関係と同じである。似てはいるが、本物とは違うのである。あなたが求めるものは本物のはずだ。

　これから紹介する８つのミクロトレンドシステムは、ヒストリカルデータを使った目視によるバックテストだけではなく、実際のお金を使ったトレードでも分析したことを伝えておこう。ときどき、Befriendthetrend.com の購読者から、バックテストでは「カーブフィット」や「非線形回帰分析」はするのかというメールをもらう。私の答えはいつも「はぁ？」だ。私はこれらの言葉が何を意味するのかも知らない。おそらく統計学者にとっては非常に重要な概念なのだろうが、トレードシステムが良いものかどうかを判断する私の方法はひとつしかない――システムの指示どおりに、すべてのルールにのっとって、実際のお金を使ってリアルタイムでさまざまな市場状態でトレードする。時間とともに口座資産が増えれば、そのシステムは良いのでそのまま使い続ければよい。そうでなければ破棄するだけである。

トレード用語とポジション管理

　ミクロトレンドシステムを見ていく前に、トレード用語とポジション管理について述べておこう。システムで使われているトレード用語については同じように理解している必要がある。また、ポジション管理――利益を最大化し、損失を最小化する――の基本についてもあら

ましを説明する。これについてはあなたがたのほとんどはよく知っているはずだ。ベテラントレーダーで、損切り注文や利食い注文の方法を知っているのであれば、これから述べることは飛ばしてすぐにシステムの章に進んでも構わない。しかし、ほとんどのトレーダーはこれらのことについては知らないはずだ。知らなくても大丈夫だ。この第4章をざっと読んで用語を確認すればよい。

買い注文と売り注文

　これから紹介するミクロトレンドシステムにおいては、知っておかなければならない注文の種類と用語がある。これから述べる用語は株式トレードに関するものだが、ほかの市場にも適用することができる。それでは重要な用語について説明していこう。

仕掛け価格　ポジションを取るために株を買った価格。
手仕舞い価格　ポジションを手仕舞うために株を売った価格。
損切り（ストップ）　仕掛け価格の下（買いの場合）か、上（売りの場合）に置き、株価がこの価格に達したら、さらなる損失を避けるためにポジションを手仕舞うことにする価格。
ハードストップロス（ハードストップ）　株価がその価格に達したら自動的に手仕舞われる損切り注文。
トレーリングストップロス（トレーリングストップ、トレーラー）
株価がある価格に達したら自動的に順行方向に移動させる（買いの場合は上方に、売りの場合は下方に調整される）手仕舞い注文。
パーセンテージストップ　仕掛け価格から一定のパーセンテージだけ離れたところに置かれるハードストップまたはトレーリングストップ。
メジャードムーブストップ　仕掛け価格からその前のトレンドの動きを0.65倍した距離だけ下方（買いの場合）または上方（売りの場合）

に置かれるハードストップまたはトレーリングストップ。

トレーディングレンジストップ　仕掛け価格からその前のトレーディングレンジを0.65倍した距離だけ下方（買いの場合）または上方（売りの場合）に置かれるハードストップまたはトレーリングストップ。

ストップ注文　指定した価格よりも高くなれば自動的に買いの指値注文になり、指定した価格よりも安くなれば自動的に売りの指値注文となる。

指値注文　指定した価格より安くなったら買い、高くなったら売る注文。

寄成注文（MOO注文。market-on-open order）　寄り付きで有効な成り行き注文。

引成注文（MOC注文。market-on-close order）　大引けで有効な成り行き注文。

利食い価格　仕掛け価格よりも高い価格（買いの場合）か安い価格（売りの場合）に置かれ、株価がその価格に達したら利益を確定するためにポジションを手仕舞うことにする価格。

利食い時間　そのときにまだ手仕舞っていなければポジションを手仕舞うことを同意する事前に決めた時間（例えば、大引け）。

OCA注文（one-cancels-all order）　特定の銘柄に対して出した注文でどれか1つが約定したら、ほかの注文はすべてキャンセルされるという注文。損切りと利食いを同時に出した場合などに便利。

ATR（アベレージ・トゥルー・レンジ）　ある特定の期間の前日の終値と今日の終値の差の絶対値を足し、その期間の日数で割って平均値を求めたもの（**編集部注**　「真の値幅の平均」のATRとは違う著者独自によるATRであることに注意）。

ATRストップ　仕掛け価格よりも現在のATRの2倍だけ下方（買いの場合）または上方（売りの場合）に置かれるハードストップまたはトレーリングストップ。

このあとの章で紹介するミクロトレンドシステムは仕掛けや手仕舞いにさまざまな方法を使う。寄り付きに成り行き注文（MOO注文）を出したり、トレーリングストップロスで手仕舞ったり、日中足の終値で仕掛けたり、ハードストップと事前に決めた損切り価格のどちらか早いほうで手仕舞ったりといろいろだ。仕掛けや手仕舞いの方法について選択肢を与えられる場合もあるが、どの方法を使うかはあなたのトレードスタイルによって違ってくる。

損切りの４つの方法

本書で議論するシステムに対しては、そのシステムの性質を考慮したうえで、最も効果的な損切り注文を置く方法を特定する。損切り注文の置き方はトレードそのものと同じように、科学であり、芸術でもある。仕掛け価格に近いところに入れすぎれば（タイトなストップ）、あまりにも多くの勝ちトレードが損切りに引っかかってパフォーマンスは下がる。逆に、仕掛け価格から遠くに置きすぎれば（ルーズなストップ）、負けトレードを長く持ちすぎることになり、これまたパフォーマンスに打撃を与える。損切りは熱すぎても冷たすぎてもダメで、ちょうどよいおかゆのように「ちょうどよい」位置に入れる必要がある。

損切り注文を利益の出るように置く方法が分からない人は、読み進んでもらいたい。また、リバーサルシステムから始めたいという人がいるかもしれない。リバーサルシステムでは損切り注文は使わない。新たにシグナルが出たら、ストップアウトする代わりに現在のポジションをドテンする（買いから売りへ、または売りから買いへ）のである。こうすることで、システムそのものが損切りとしての役割を果たしてくれる。

私のトレンドトレードセミナーでは損切り注文を置く４つの方法を

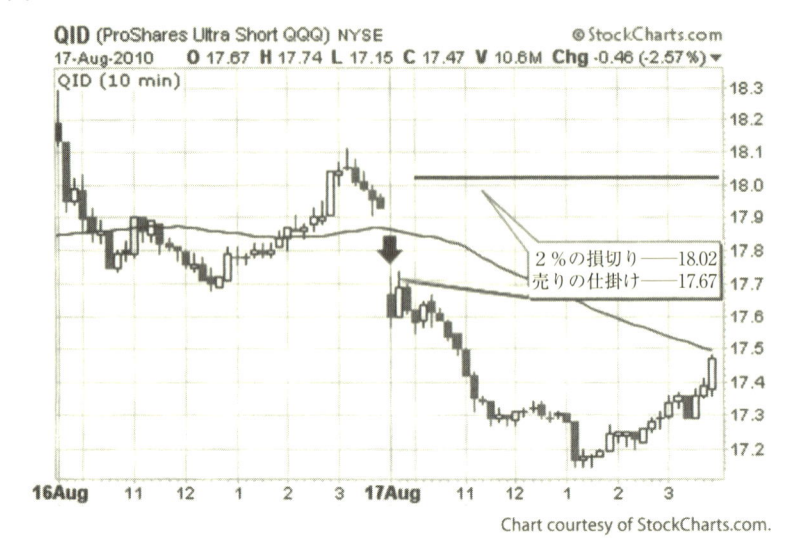

図4.1　QIDの売りに対する2％の損切り

QID (ProShares Ultra Short QQQ) NYSE　＠StockCharts.com
17-Aug-2010　O 17.67　H 17.74　L 17.15　C 17.47　V 10.6M　Chg -0.46 (-2.57%)▼

2％の損切り —— 18.02
売りの仕掛け —— 17.67

Chart courtesy of StockCharts.com.

教える。これらの損切り手法は主にスイングトレードで用いるものだが、どんな市場でも、どんな時間枠でも使える。すでに述べたように、損切りは科学であるとともに芸術でもある。ここでは科学としての損切りの方法を伝授する。芸術としての損切りは経験を通して学ぶべきものである。

パーセンテージストップ

　最初に紹介するのは最も簡単なパーセンテージストップだ。パーセンテージストップとは、仕掛け価格から一定のパーセントだけ離れた位置に損切りを置く方法だ。一例として、ミクロトレンドトレードに打ってつけのプロシェアーズ・ウルトラ・ショート・ナスダック100（QID）を使って説明しよう。実は、今これを書いている時点で私はこの市場にポジションを持っている。私が使っているシステムは寄り付きに成り行きの売り注文を置いている。図4.1に示したチャートの

図4.2　QIDの売りに対するATRストップ

Chart courtesy of StockCharts.com.

日（2010年8月17日）、QIDは17.67で寄り付いた。2％のパーセンテージストップを使おうと思った場合、仕掛けたら、損切りまたはトレーリングストップを、売りの場合は18.02（17.67×1.02）に、買いの場合は17.32（17.67÷1.02）に置けばよい。私のシステムのいくつかではパーセンテージストップはポジション管理手法としても非常にうまく機能する。

ATRストップ

2番目の方法はATRストップだ。ATRはアベレージ・トゥルー・レンジの略で、前日の終値と今日の終値の差のある期間の平均（期間の初期値は14）である。トレンド相場で見られるように、終値と終値

の間の値幅が拡大していけば、ATRも増加する。逆にタイトなレンジ相場に入れば、ATRは減少する。ATRは過去の値動きに基づいて将来的な値幅を予想するものであるため、ATR（14期間に設定されている）を2倍し、仕掛け価格からその距離だけ離れた位置に損切りやトレーリングストップを置くことで適切な損切りを設定できる（図4.2）。

メジャードムーブストップ

3番目と4番目の方法は私の好みの方法だが、これはどちらかというと科学というよりも芸術的な手法と言ったほうがよいかもしれない。どちらの方法も直近の価格トレンドと価格パターンの厳密な読みに依存するため、パーセントや終値から終値までの値幅のような静的な要素よりも、実際の値動きのように動的な要素が手掛かりとなる。価格トレンドや価格パターンを正しく読み取ることは経験を要するため、初心者は最初の2つの方法を使ったほうがよいだろう。

3番目の方法はメジャードムーブストップだ。メジャードムーブとは、あなたが仕掛ける以前の直近で最も明確な価格トレンドの、安値から高値までの距離、あるいは高値から安値までの距離を言う。メジャードムーブストップを置くのには2つのステップが必要だ。第1ステップでは、メジャードムーブを測定し、それに0.4を掛ける。得られた値は、3つのフィボナッチリトレースメント水準（38％、50％、62％）のなかで最初に大きく押したり戻したりする水準である38％水準よりも若干大きい。メジャードムーブに0.4を掛けることで、損切り注文をあなたの仕掛け価格から最初に大きく押したり戻したりすると思われる水準のすぐ下（買いの場合）かすぐ上（売りの場合）に置くことができる。

次のステップは、あなたがどんなトレードをするかによって違って

第4章 注文の種類、損切り、手仕舞い目標

図4.3　QIDの売りに対するメジャードムーブストップ

MM = 18.20 － 17.70 = 0.50

MMストップ = 17.67 ＋ （0.4 ×0.5）= 17.87
売りの仕掛け――17.67

Chart courtesy of StockCharts.com.

くる。このあとの章で紹介する私のトレードシステムは３つの種類に分けられる――リバーサル、プルバック、コンティニュエーションの３つだ。リバーサルシステムについては心配の必要はない。なぜならリバーサルシステムでは損切りは使わないからだ。プルバック（押しや戻し）をトレードしているのなら、得られた値（メジャードムーブ×0.4）を、メジャードムーブが終了した価格から差し引く（買いの場合）か足し合わせ（売りの場合）、そこに損切り注文またはトレーラーを置く。コンティニュエーションをトレードしているのなら、得られた値を仕掛け価格から差し引く（買いの場合）か足し合わせ（売りの場合）、そこに損切り注文またはトレーリングストップを置く。**図4.3**はコンティニュエーション・トレードでのメジャードムーブストップの置き方を示したものだ。

図4.4 QIDの売りに対するトレーディングレンジストップ

チャート内注釈:
- TR = 18.10 − 17.70 = 0.40
- TRストップ = 17.67 + (0.65 × 0.4) = 17.93
- 売りの仕掛け——17.67

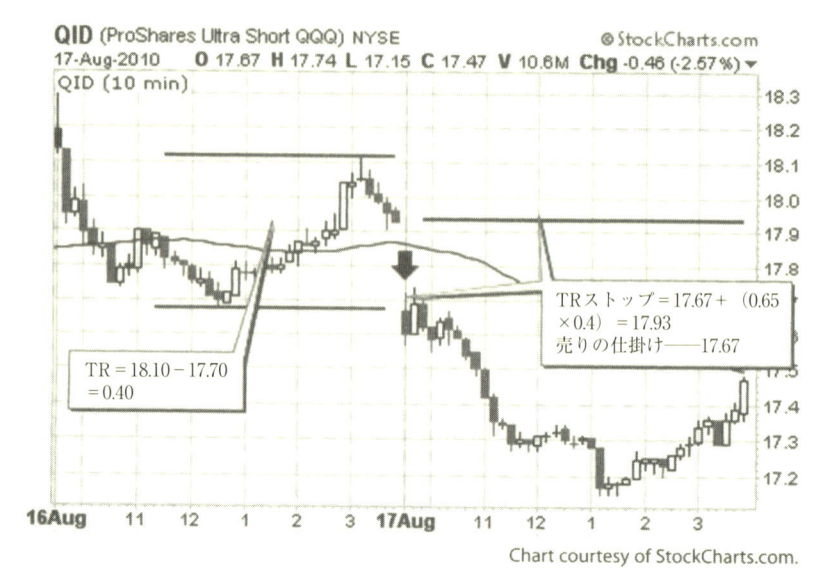

Chart courtesy of StockCharts.com.

トレーディングレンジストップ

　時として、仕掛ける前に価格が明確なメジャードムーブをしない場合がある。おそらく株価はブレイクアウトかプルバックする直前の保ち合い状態にあるか、ダブルボトムやダブルトップでダイバージェンスが発生している状態だろう。このような場合、トレンドは明確に測定できない場合が多い。しかし、直近のトレーディングレンジは存在するはずであり、これに注目する。これを利用したのが4番目の損切り手法、トレーディングレンジストップである。

　あなたがトレードしているチャート上で、仕掛ける前に明確なメジャードムーブがない場合、チャートをちょっと拡大して、直近の最も明確なトレーディングレンジを探す。ローソク足のヒゲも含めて、レンジの天井と底に水平線を引き、2本の線の間の距離を測定する。この距離がトレーディングレンジになる。ここからはメジャードムーブストップと同じだが、乗数は0.4ではなく0.65である。通常、トレーデ

ィングレンジはメジャードムーブよりも狭いため、損切り注文を仕掛け価格に近づけすぎないようにするために乗数を大きくする必要があるのだ（**図4.4**）。

　ところで、これら４つの損切り手法を使えばいずれの場合も８月17日の大引けの時点ではQIDのポジションは立ったままだ。私が使っていたミクロトレンドシステムは、引けの時点でストップに引っかかっていなければパーセンテージストップを入れるように指示してきた。私はQIDを1000株売っており、終値が17.47だったので、手数料とスプレッドを差し引き後、この１トレードで180ドルの儲けが出た。同じシステムでその前日（2010年８月16日）に行ったQIDの売りでは240ドル、その前日（2010年８月13日）に行ったトレードでは90ドル、その前日（2010年８月12日）に行ったトレードでは350ドルの純利益が出た。したがって、４日間で１銘柄、１ポジション、１つのシステムで860ドルの純利益が出たことになる。本書を書きながらキーボードを叩いただけでこの利益なのだから、８つのシステムでトレードしたらどれほどの利益が出るか想像してもらいたい。これぞまさにミクロトレンドトレードの威力だ。さあ、本書をどんどん読み進めよう。そうすればあなたも同じことがやれるはずだ。

利食いの設定

　だれでも利益を得ることを目指して株を買ったり売ったりするのにトレードシステムを使うことができる。その利益を最大化するためにいつ、どのように手仕舞うかが腕の見せ所だ。

　ミクロトレンドトレードでは３つのタイプのトレードがある。リバーサル、プルバック、コンティニュエーションの３つだ。リバーサルトレードでは、利食いの設定を心配する必要はない。現在のポジションをいつ手仕舞い、反対ポジションにドテンすればよいかはシステム

が教えてくれるからだ。したがって、リバーサルシステムでは損切りも利食いも考える必要はない。しかし、ほかの２つのタイプのトレードでは損切りに達しない場合どのように手仕舞うかについて計画を立てる必要がある。

リバーサルシステムはさておき、私のミクロトレンドシステムでは損切り注文に達しない場合、ポジションは保有したままになる。事実、すべてのタイプのトレードでは、長い目でみれば、ストップによる手仕舞いのほうが利食いによる手仕舞いよりも利益になることが多い。押しや戻り、あるいは保ち合いになってもポジションを辛抱強く持ち続けることで大きな勝ちトレードを手にするチャンスがあるからだ。スイングトレードでは、トレードで生計を立てるのにこういったビッグトレードが年に３つか４つあればよいが、ミクロトレンドトレードでは、１つか２つ、こうしたビッグトレードがあれば１週間負けっぱなしでも勝者になれる。

リバーサルシステム以外のタイプのミクロトレンドシステムは何らかの利食いを使う必要がある。利食いには一般に２つのタイプがある。価格によるものと時間によるものだ。これら２つの利食いのうち、価格による利食いのほうが難しい。時間による利食いはあらかじめ決めた時間――通常は大引けか一定の日数経過後――にポジションを手仕舞うだけだから簡単だ。しかし、価格による利食いはある程度チャートを読むスキルが求められる。

本書で紹介するミクロトレンドシステム（リバーサルシステムを除く）では、利益を最大化する手仕舞い方法を提案する。場合によっては、最も堅実に利益を出せる方法として、特殊な利食い手法を提示することもあるが、一般には異なるタイプの価格による利食いのなかから選択することになる。

ここでは４つのタイプの利食いを紹介する。パーセントによる利食い、ATRによる利食い、メジャードムーブによる利食い、トレーデ

ィングレンジによる利食い――の4つだ。最初の2つは置き方が簡単だ。パーセントによる利食いは、そのシステムに対して提示されたパーセントを仕掛け価格に掛け、その価格に指値注文を入れればよい。ATRによる利食いは、仕掛け時におけるATRに3を掛ける（ただし、ATRストップをATR×2に設定しているものとする）。3番目と4番目の利食いは前に述べた損切りと同じである。仕掛け価格に、直近のメジャードムーブまたは直近のトレーディングレンジを足し、その価格に指値注文を入れればよい。

さあ、仕事に取り掛かろう

　ここまで読んだ人は、ミクロトレンドトレードの冒険を始めるためのすべてのツールがそろったことになる。先に進む前に次に述べる作業が終わっているかどうか確認しよう。

- 大きなモニターのPCがある。
- ブロードバンドのインターネット接続が可能。
- 何らかのチャート作成パッケージをインストールしたか、会員登録した。
- ディスカウントブローカーを選び、そのトレードプラットフォームに習熟している。
- あなたの成長具合をチェックしてくれる、説明責任を負うパートナーを見つけた。
- 適切な成功目標を設定した。
- 非常時用の貯金以外の資金を口座に入れた。
- ここまで損をしたら「やめる」という水準を事前に決めた。
- 最初は小さく始めて、徐々にフル投資に増やしていく明確な計画がある。

- ミクロトレンドトレードが生みだす収入に対してあなたが10-10-80計画に従うことを、あなたは説明責任を負うパートナーに約束した。
- ミクロトレンドトレードで用いる注文、損切りや利食いの手法に精通している。

　これをすべてやり終えたら、いよいよミクロトレンドシステムの学習をする準備が整ったことになる。これ以降の8章では、私が日中トレードで使っているミクロトレンドシステムをひとつひとつ見ていく。それぞれのシステムを実例を織り交ぜながら詳細に解説していく。自分のトレードスタイルやスケジュールにはどのシステムが最も合うのかを考えながら読み進めよう。フル投資（**図3.2**を参照）に到達するまでに、2つのシステムから始める人もいれば、6つのシステムから始める人もいるだろう。最も重要なのは、最も利益の出るシステムを選ぶことではなく、自分のトレードスタイルに最も合ったシステムを選ぶことである。

第2部

ワンデイ・ミクロトレンドシステム

One-Day Micro-Trend Systems

第5章

ブレッドアンドバター・システム

The Bread-and-Butter System

　これまでの章を飛ばしていきなりこの第5章に来た人は、前に戻って少なくとも第3章だけはしっかり読んでもらいたい。第3章に戻ったはよいが、「カーはくだらないことばかり言ってるなぁ。早くシステムを見せてくれよ」と言う人は、「90％クラブへようこそ」と言わせてもらいたい。つまり、日中トレードをやって大金を稼げない――さらに悪いことになる場合もある――90％のトレーダーの仲間入り、というわけだ。第3章は必要な「安全装置」について書いてある。説明責任を負うパートナー、ここまで損をしたら「やめる」という水準、利益目標、ゆっくりと秩序だった方法で始める10－10－80計画。これらはすべて成功するうえで役立つことばかりだ。こうしたステップを踏まなくてもある程度の利益を出せる人もいるかもしれない。健闘を祈るばかりだ。しかし、初めて深刻なドローダウンを被ったあと（ドローダウンは必ず発生する）、何をすればよいのか、なんて言わないでほしい。それを教えてくれるのが第3章で説明した計画なのである。

　というわけで、この第5章からはいよいよ本書の「最重要」な部分に入っていく。つまり、トレードシステムの紹介である。これからの数章にわたって8つのミクロトレンドシステムをひとつひとつ紹介していく。紹介するのは5つのワンデイ・システムと3つのマルチデイ・システムである。ここではこれらのシステムを首尾よく使うに当たっ

て知っておかなければならない必要最小限のことに絞って説明していく。各システムの概要、各システムのパラメーター、そのシステムに合う候補の見つけ方、ポジションの最高の管理方法などが習得できるはずだ。

ブレッドアンドバター・システムの概要

　ブレッドアンドバター・システムは私が最初に開発したシステムだ。今でも私の好みのシステムで、最もよく使うシステムである。このシステムはどんな市場タイプでも、どんな時間枠でもトレード可能だ。最も利益の出るシステムではないが、堅実な利益を上げるシステムである。もし1つのシステムでしかトレードできないとすれば、私はこのシステムを使うだろう。この1つのシステムだけで十分に生計を立てることができる。

　私がブレッドアンドバター・システムの着想を得るヒントとなったのは、私が最初に出席したセミナーだった。そのセミナーでは、価格トレンド、移動平均、ストキャスティクスについて初めて学んだ。システムはそれ以降改良を重ねてきたが、中核をなす3つの要素は変わらない。『トレンド・トレーディング・フォア・ア・リビング』の読者は、ブレッドアンドバターのセットアップと2つのスイングトレードのセットアップ（プルバックのセットアップと急上昇のセットアップ）との間に類似点があることに気づくはずだ。これらのセットアップは日中トレードのために改良した。

　表5.1はブレッドアンドバター・システムの基本的なデータを示したものだ。

　目視によるバックテストは1銘柄（SSO。S&P500のウルトラ・ロングETF）についてのみ実施した。ベータが2.0を上回る銘柄やETF（上場投信）は高いリターンを上げる傾向が高い。さらに、SSOはウ

表5.1 ブレッドアンドバター・システムのデータ

システム	ブレッドアンドバター・システム
タイプ	プルバック。買いまたは売り
期間	1日。損切り、利食い、または引けで手仕舞う
バックテスト	2008/1/1～2009/12/31（520日）。プロシェアーズ・ウルトラS&P500ファンド（SSO）のみ
用いたチャート	5分足のローソク足チャート
総トレード数	962回。勝率は57％。1トレード当たり＋0.26％の純利益
利益	100株当たり8754ドル（年次ROIは＋124％）
損切り（買い）	仕掛け足の安値－1×ATR（14）
損切り（売り）	仕掛け足の高値＋1×ATR（14）
利食い	2×ATR（14）または引成

ルトラ・ロングETFなので、これに対応するSDS（プロシェアーズ・ウルトラ・ショートS&P500ファンド。S&P500のウルトラ・ショートETF）はこのシステムの売りに使うことができる。

　バックテストは5分足チャートで2年間のルックバック期間で実施した。このチャートでは平均で1日当たり2回のトレードを生成したが、10分足や15分足といった時間枠のもっと長いチャートだと生成されるトレードはもっと少ないだろう。Eミニ先物のトレーダーは同じシステムを1分足チャートに適用することができる。ブレッドアンドバター・システムはボラティリティの高い強いトレンド市場では1日に生成するトレードはもっと多くなるだろう。逆に言えば、動きの少ないレンジ相場では1日に生成するトレードは少なくなるということである。

表5.2　ブレッドアンドバター・システムのセットアップ

時間枠	5分足（ほかの時間枠でもよい）
チャート	ローソク足チャート
インディケーター	ストキャスティックス（5,3）、ATR（14）
重ね書きするインディケーター	20期間単純移動平均線、50期間単純移動平均線

ブレッドアンドバター・システムのパラメーター

　このシステムは1銘柄だけでトレードできるが、1日に複数の銘柄をトレードしたい場合は、ボラティリティの高い銘柄とETFのウオッチリストを作成し、その日にずっとチャートを見ながらセットアップを探すとよい。

　このシステムでトレードするには、**表5.2**にあるインディケーターをチャートに適用する。

ブレッドアンドバターの買い

　次の条件がすべて満たされたときに買う。
- 20期間単純移動平均線が50期間単純移動平均線を上回る
- ストキャスティックス（5，3）が25.0以下
- シグナルとなるローソク足が強気（つまり、ハンマー、同時線、切り込み線など）
- シグナルとなる足の終値が前の足の高値よりも安い

損切りと利食い

- 損切り （1×ATR）−仕掛け足の安値
- 損切り（自由選択）　直近のトレンドに基づくメジャードムーブストップを使う
- 損切り（自由選択）　直近のトレーディングレンジに基づくトレーディングレンジストップを使う
- 利食い　「（2×ATR）+仕掛け価格」に達するか、大引け（引成注文が約定）
- 注意　損切りが仕掛け価格から2×ATR以上下回っているときはセットアップは無効（「ATRルール」）

ポジションを建てたら、1×ATRから仕掛け足の安値を差し引いた位置にハードストップを置き、仕掛け価格から2×ATR上の位置に利食いを置く。株価が損切りにも利食いにも達していなければ、引成注文を入れて売る。リスク管理面では、損切りが仕掛け価格から2×ATR以上下回っているときにはそのセットアップは無効となる。

ブレッドアンドバターの売り

次の条件がすべて満たされたときに売る。
- 20期間単純移動平均線が50期間単純移動平均線を下回る
- ストキャスティックス（5,3）が75.0以上
- シグナルとなるローソク足が弱気（つまり、トウバ、同時線、被せ足など）
- シグナルとなる足の終値が前の足の安値よりも高い

損切りと利食い

- 損切り （1×ATR）＋仕掛け足の高値
- 損切り（自由選択） 直近のトレンドに基づくメジャードムーブストップを使う
- 損切り（自由選択） 直近のトレーディングレンジに基づくトレーディングレンジストップを使う
- 利食い 「（2×ATR）－仕掛け価格」に達するか、大引け（引成注文が約定）
- 注意 損切りが仕掛け価格から2×ATR以上上回っているときはセットアップは無効

　ポジションを建てたら、仕掛け足の高値から1×ATRだけ高い位置にハードストップを置き、仕掛け価格から2×ATR下の位置に利食い注文を置く。株価が損切りにも利食いにも達していなければ、引成注文で買い戻す。ほかの選択肢としては、チャートを読む能力に優れた人はメジャードムーブストップやトレーディングレンジストップを使うのもよい。リスク管理面では、損切りが仕掛け価格から2×ATR以上上回っているときにはそのセットアップは無効となる。

ブレッドアンドバター・システムの実例

　図5.1から図5.4までのチャートはSSOにおけるブレッドアンドバター・トレードシグナルの1週間の動きを追ったものだ。これは非常に典型的な1週間である。この週、VIX指数（ボラティリティ指数）は21から28に上昇した。これはそこそこボラティリティの高い週であることを示している。S&P500は5週間にわたる上昇トレンドが一段落し、押しに入った。システムは4日間で17の有効なシグナルを生成

図5.1 SSOにおけるブレッドアンドバターのセットアップ（2010/08/09）

した。8月11日の最後のセットアップ（売り）と8月12日の最後のセットアップ（売り）はATRルールにより無効となったことに注意しよう。

表5.3は2010年8月9日から8月12日までの4日間にブレッドアンドバター・システムを使って行われたSSOにおける17回のトレード結果を示したものだ。

17回の有効なトレードのうち、13回は利食いになり、4回は損切りになって損失を出した。また、2つのシグナルがATRルールによっ

115

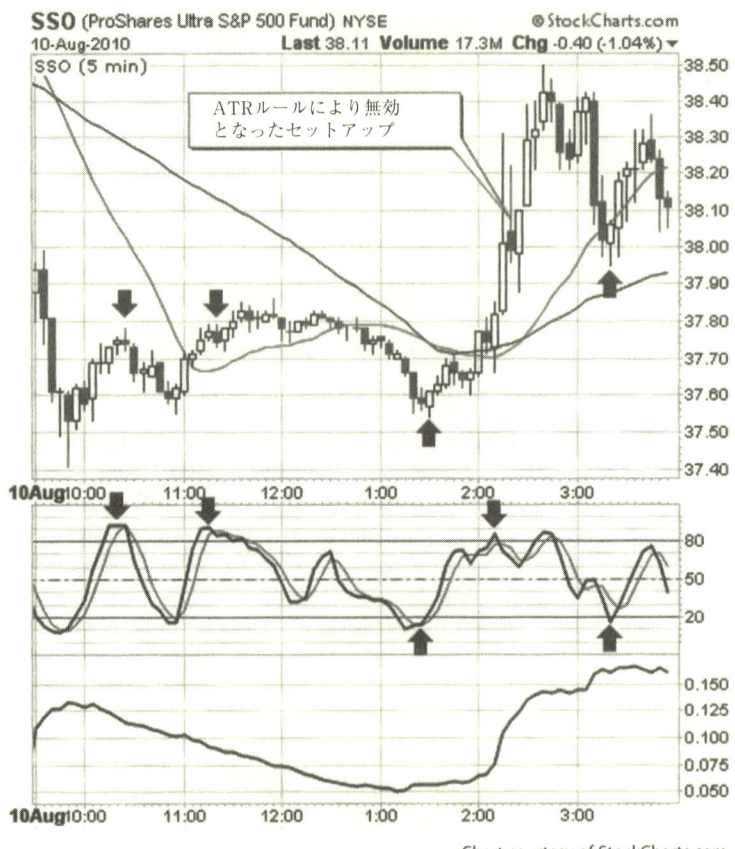

図5.2　SSOにおけるブレッドアンドバターのセットアップ（2010/08/10）

て無効となった。この週の利益の総額は1株当たり2.09ドル（手数料差し引き後の純利益は100株当たり175ドル）だった。このペースで行けば、1000株のトレードでは1年当たり9万ドルを超える純利益となる。この額の利益を達成したとすると、トレード口座の非複利ROI（投資収益率）が年間でプラス237％ということになる。これは目視によるバックテストでは観察できなかったことなので、これは非常に特別な週ということになる。とはいえ、この結果はこの非常にシンプルなシステムの威力を十分に示すものである。

第5章 ブレッドアンドバター・システム

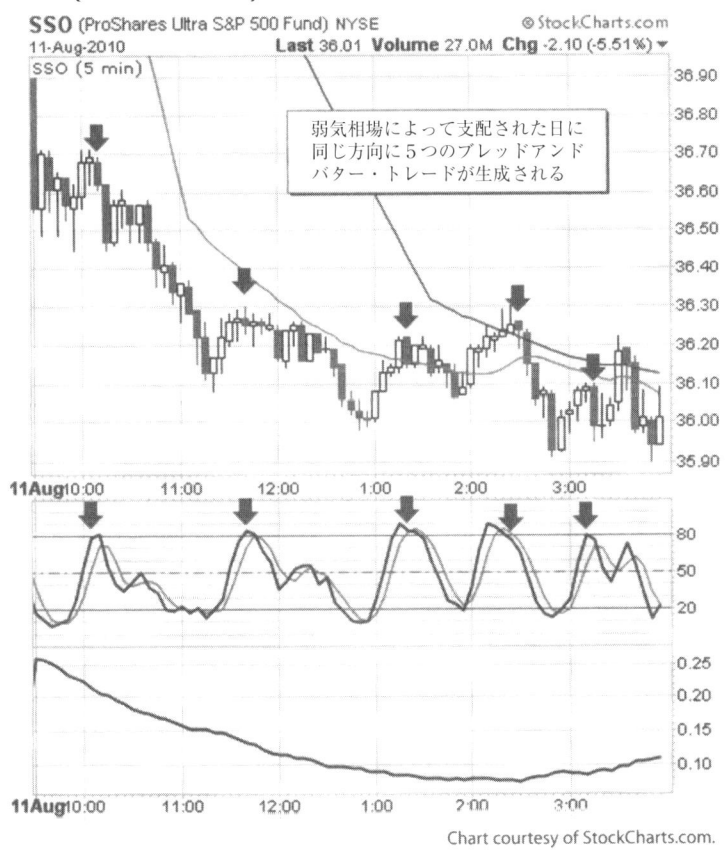

図5.3 SSOにおけるブレッドアンドバターのセットアップ
（2010/08/11）

弱気相場によって支配された日に同じ方向に5つのブレッドアンドバター・トレードが生成される

Chart courtesy of StockCharts.com.

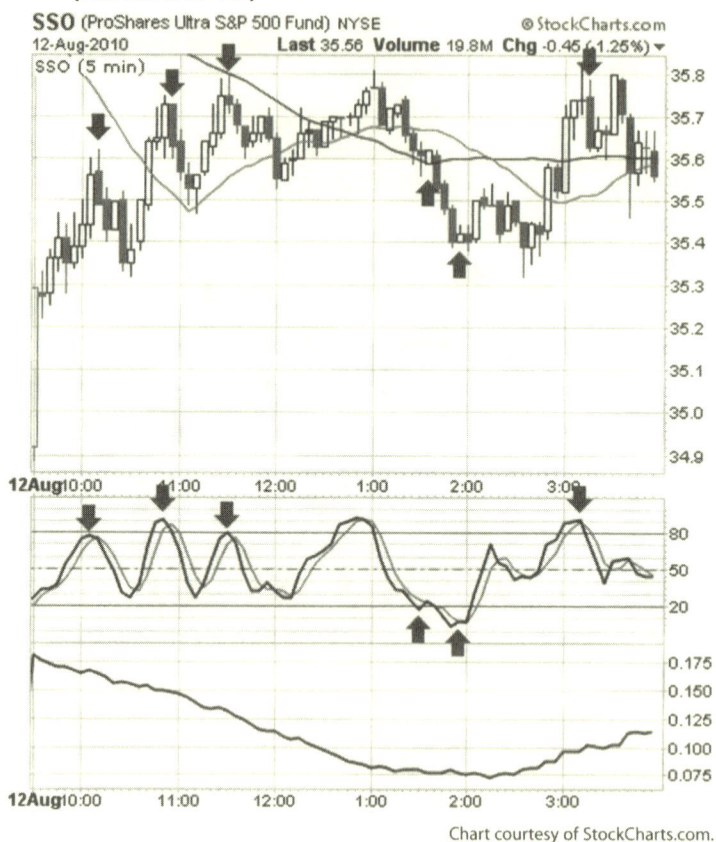

図5.4 SSOにおけるブレッドアンドバターのセットアップ（2010/08/12）

表5.3　ブレッドアンドバター・システムのトレーディング結果

売買	仕掛け価格	ATR	損切り	利食い	結果	累計
1-Long	38.16	0.12	37.94	38.40	0.24	0.24
2-Long	38.37	0.06	38.28	38.49	0.12	0.36
3-Long	38.37	0.05	38.28	38.47	0.10	0.46
4-Long	38.46	0.06	38.40	38.58	0.12	0.58
5-Short	37.74	0.11	37.89	37.52	(0.15)	0.43
6-Short	37.75	0.08	37.87	37.61	(0.12)	0.31
7-Long	37.61	0.06	37.48	37.73	0.12	0.43
8-Long	38.05	0.16	37.78	38.37	0.32	0.75
9-Short	36.62	0.20	36.89	36.22	0.40	1.15
10-Short	36.25	0.14	36.44	35.97	0.28	1.43
11-Short	36.15	0.09	36.31	35.97	0.18	1.61
12-Short	36.23	0.08	36.33	36.07	0.16	1.77
(Short)	35.89	0.09	36.19	35.70	無効	1.77
13-Short	35.49	0.16	35.78	35.17	(0.29)	1.48
14-Short	35.62	0.15	35.87	35.32	0.30	1.78
15-Short	35.73	0.13	35.93	35.47	0.26	2.04
16-Long	35.62	0.08	35.51	35.78	(0.11)	1.93
17-Long	35.42	0.08	35.32	35.58	0.16	2.09
(Short)	35.63	0.10	35.89	35.43	無効	2.09

第6章
5分トレンド・トレードシステム

The Five-Minute-Trend Trade System

　私が個人的にコーチを務める顧客は多忙な職業に従事している専門家たちが多い。彼らはフルタイムでトレードすることは不可能だし、フルタイムでトレードしたいとも思わないかもしれないが、利益を目指して毎日市場の探求に参加したいと思っている。彼らが望むのは、簡単にトレードでき、高度なテクニカル分析を必要とせず、百パーセントメカニカルで、1日にわずかな時間だけトレードすればよい短期システムだ。これから紹介するシステムはまさにそんなシステムである。

5分トレンド・トレードシステムの概要

　これは私のシステムのなかでも超簡単なシステムのひとつだ。このシステムは寄り付きに1回だけポジションを建てればよい。チャートをチェックして、ポジションを建てるまでに要する時間がおよそ3分、そして損切りにも利食いにも達しない場合にポジションを手仕舞いするのに大引けの前に2分。たったこれだけの時間でトレードできるのだ。1日に5分だけ要するこのトレードが生みだす1カ月当たりの純利益は平均でプラス6.1％（再投資しない）である。
　このシステムのポイントは「トレンドとフレンドになる」ことであ

表6.1　5分トレンド・トレードシステムのデータ

システム	5分トレンド・トレードシステム
タイプ	コンティニュエーション。買いと売り
期間	1日。損切り、利食い、または引けで手仕舞う
バックテスト	2008/1/1～2009/12/31（520日）。ディレクシオン・ラージ・キャップ・ブル3xシェアーズ（BGU）のみ
用いたチャート	5分足折れ線グラフ、5分足バーチャート、または5分足のローソク足チャート
総トレード数	512回。勝率は53％。1トレード当たり+0.28％の純利益
利益	100株当たり6830ドル（年次ROIは+74％）
損切り（買い）	仕掛け価格から2％下
損切り（売り）	仕掛け価格から2％上
利食い	3％の利益（自由選択）または引成

る。トレンドは前日の最後の60分から90分の間に現れ、今日の寄り付き時のトレンド分析で確認する。これはコンティニュエーションシステム——トレンドフォローシステムと言うこともある——なので、トレンドが強気のときは買い、弱気のときは売る。まれな例外もあるが、このシステムでは1日に1回だけトレードを行う。現在のトレンドを判断するのに私は単純移動平均線の交差シグナルを使い、パーセンテージストップと利食い注文を置く。5分トレンド・トレードシステムは5分足チャートのために開発されたものだが、1分足から10分足までのどの時間枠にでも適用することができる。

　表6.1は5分トレンド・トレードシステムの基本的なデータを示したものだ。

　目視によるバックテストは1銘柄（BGU。大型株の3xウルトラ・ロングETF）についてのみ実施した。BGUはS&P500と連動すること

が多いが、実際にはラッセル1000に連動している。しかし、レバレッジETFであるため、このシステムにとって理想的なボラティリティ水準にある。しかも、流動性も高い。BGUはウルトラ・ロングETFなので、これに逆対応するディレクシオン・ラージ・キャップ・ベア3xシェアーズ（BGZ）は5分トレンド・トレードシステムの売りに使える。このシステムはボラティリティが高く流動性のある銘柄ならどんなものでも適用可能だが、1つの銘柄やETFのみをトレードするのがベストだ。

　バックテストは5分足チャートで2年間のルックバック期間で実施した。勝率は50％をやや上回る程度で理想的とは言えないが、3：2のリワード・リスクレシオとトレンドフォローな性質とがこのシステムを堅牢で利益の出るシステムにしている。これはまた私のシステムのなかで最も簡単なシステムのひとつでもある。Eミニのトレーダーもこのシステムを使えるが、損切りや利食いは適切に変更する必要があるだろう。リスク回避型のトレーダーはBGUやBGZの代わりに、レバレッジが3分の1になるSSOやSDSをトレードするとよいだろう。ただし、損切りや利食いはそれに応じて変更しなければならない。5分トレンド・トレードシステムが最もよく機能するのはボラティリティの高いトレンド市場である。動きの少ないレンジ相場ではパフォーマンスは下がる。

5分トレンド・トレードシステムのパラメーター

　このシステムは1銘柄のみでトレードすることを推奨する。1日に複数の銘柄をトレードしたい場合は、ボラティリティの高い銘柄やETFのウオッチリストを作成し、それに応じてトレードすればよい。このシステムは一般市場に連動するため、ポジションを増やして分散化を図ろうとしても必ずしもリスクが低減できるわけではない。

表6.2　5分トレンド・トレードシステムのセットアップ

時間枠	5分足（ほかの時間枠でもよい）
チャート	折れ線グラフ、バーチャート、ローソク足チャート
インディケーター	なし
重ね書きするインディケーター	20期間単純移動平均線、50期間単純移動平均線

5分トレンド・トレードシステムでトレードするには、**表6.2**に示したインディケーターを使っているチャートに適用する必要がある。

5分トレンドトレードの買い

次の条件が満たされたときに買う。
- 今日の寄り付きで、20期間単純移動平均線が50期間単純移動平均線を上回る

損切りと利食い

- 損切り　仕掛け価格よりも2％の逆行
- 利食い　仕掛け価格よりも3％の順行（自由選択）または引成
- 注意　寄り付き時に20期間単純移動平均線が50期間単純移動平均線とほぼ同じときはトレードはしない

5分トレンドトレードの売り

次の条件が満たされたときに売る。
- 今日の寄り付きで、20期間単純移動平均線が50期間単純移動平均線

を下回る

損切りと利食い

- 損切り　仕掛け価格よりも２％の逆行
- 利食い　仕掛け価格よりも３％の順行（自由選択）または引成
- 注意　寄り付き時に20期間単純移動平均線が50期間単純移動平均線とほぼ同じときはトレードはしない

　このシステムでは毎日、寄り付きで、短期（20期間）単純移動平均線と長期（50期間）単純移動平均線との位置関係に基づいて、選んだトレード対象を買ったり売ったりする。注文が執行されたらすぐに、２％の損切りと３％の利食い注文を置く（後者は自由選択）。ブローカーが対応していれば、これら２つの注文はOCA注文として出す。こうすれば、損切りか利食い注文のどちらかが執行されたら、執行されなかったほうがキャンセルされるので、新たなポジションを取るのを防ぐことができる。自由選択として、２％の損切りはトレーリングストップとして置くこともできる。トレーリングストップにすれば勝率は下がり、全体的なリターンも下がるが、ドローダウンを最小化でき、したがってリスクも低減できる。ここで使っている損切りと利食いのパーセントはこのシステムをBGUに適用することを前提とするものである。BGUよりもボラティリティが高いか、ボラティリティが低い銘柄やETFをトレードする場合には、損切りや利食いのパーセントは変更する必要がある場合もある。

５分トレンド・トレードシステムの実例

　図6.1から図6.4までのチャートは７月の終わりから８月の初めに

図6.1　BGUにおける5分トレンド・トレードシグナル（2010/07/23〜26）

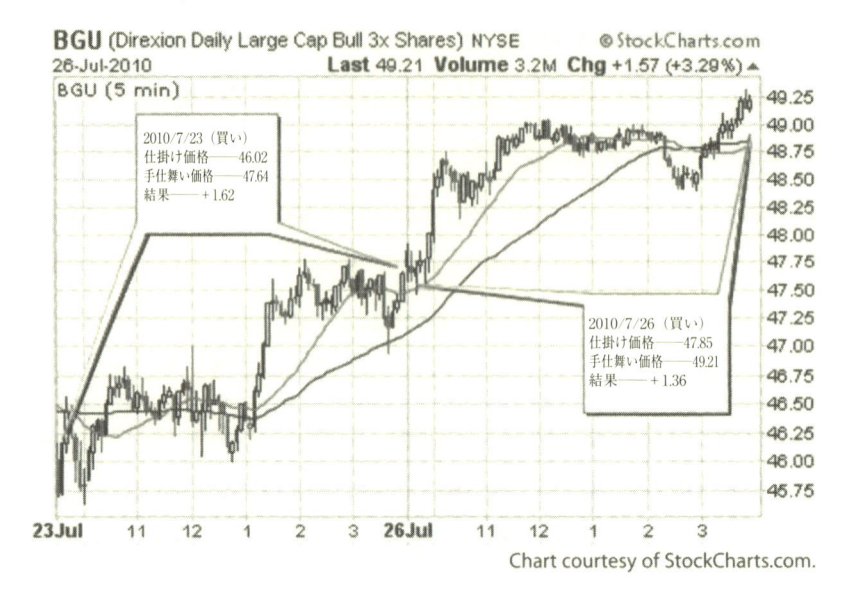

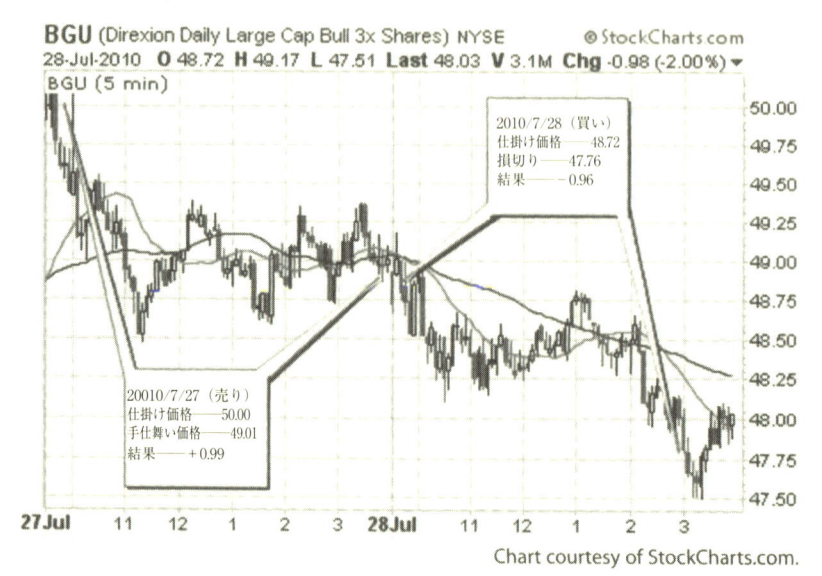

2010/7/23（買い）
仕掛け価格――46.02
手仕舞い価格――47.64
結果――＋1.62

2010/7/26（買い）
仕掛け価格――47.85
手仕舞い価格――49.21
結果――＋1.36

図6.2　BGUにおける5分トレンド・トレードシグナル（2010/7/27〜28）

2010/7/28（買い）
仕掛け価格――48.72
損切り――47.76
結果――-0.96

20010/7/27（売り）
仕掛け価格――50.00
手仕舞い価格――49.01
結果――＋0.99

第6章　5分トレンド・トレードシステム

図6.3　BGUにおける5分トレンド・トレードシグナル（2010/7/29〜30）

2010/7/29（売り）
仕掛け価格――48.94
手仕舞い価格――47.30
結果――+1.64

2010/7/30（買い）
仕掛け価格――45.81
手仕舞い価格――47.40
結果――+1.59

図6.4　BGUにおける5分トレンド・トレードシグナル（2010/8/2〜3）

2010/8/3（買い）
仕掛け価格――50.11
手仕舞い価格――49.72
結果――-0.39

2010/8/2（買い）
仕掛け価格――49.61
手仕舞い価格――50.43
結果――+0.82

かけての8日間のBGUにおける5分トレンド・トレードシグナルを示したものである。この間、VIX指数は21と27の間で推移した。これはこの市場がそこそこボラティリティが高いことを示している。この間、S&P500は最初は上昇したが、のちに下落し、大きなギャップアップで寄り付いたあと横ばいに転じ、このシステムをトレードするのに打ってつけな市場状態を見せている。

これらのチャートに示した8つのトレードは、6つが勝ちトレードで2つが負けトレードになり、トータルでプラス6.67％の利益になった。便宜上、これらのトレードでは利食い注文は置かなかったが、8つのうち5つは3％の利食い水準に達し、2％の損切りに達したのはわずか1つしかなかった。これら8つのトレードの手数料差し引き後の純利益は100株当たり651ドルである。これはおよそ13％の口座リターンに相当する。

前にも述べたように、このシステムのパフォーマンスはボラティリティの高い時期には高く、ボラティリティの低い時期には低くなる傾向がある。念のため、5分トレンド・トレードシステムを使った40回のトレードのリターンを比較してみよう。最初の20回のトレードはVIXが23から37の間で推移する、ボラティリティが高い2010年6月7日から7月2日までの間に行ったもので、2番目の20回のトレードはVIXが16から19の間で推移する、非常に動きが少ない2010年3月2日から3月30日までの間に行ったものである。いかなるトレードもデータに歪みを与えないようにするために、すべてのトレードに3％の利食いと2％のハードストップを用いた。いずれにも達しないときには引成で手仕舞った。いずれの期間でも利益が出たが、VIXが高い時期のほうが明らかにリターンは良かった（**表6.3**と**表6.4**を参照）。

2010年6月と7月に5分トレンド・トレードシステムを使って行ったBGUのトレードは、20回のトレードのうち勝ちトレードは11で、総リターンは4.73％だった（手数料差し引き後の純利益は100株当た

表6.3 BGUに対する5分トレンド・トレードシステムのリターン（ボラティリティの高い市場）

売買	仕掛け価格	損切り	利食い	手仕舞い価格	結果	累計
1-Short	44.34	45.23	43.05	利食い	1.29	1.29
2-Short	42.22	43.06	40.99	利食い	1.21	2.50
3-Long	44.11	43.25	45.43	利食い	1.32	3.82
4-Short	44.90	45.80	43.59	損切り	(0.80)	3.02
5-Long	45.25	44.36	46.61	利食い	1.36	4.38
6-Long	48.39	47.44	49.84	損切り	(0.95)	3.43
7-Short	48.07	49.03	46.67	損切り	(0.96)	2.47
8-Long	49.54	48.57	51.03	50.09	0.55	3.02
9-Short	50.68	51.69	49.20	利食い	1.48	4.50
10-Short	50.56	51.57	49.09	50.37	0.19	4.69
11-Long	52.31	51.28	53.88	損切り	(1.03)	3.66
12-Short	49.87	50.87	48.42	利食い	1.45	5.11
13-Short	47.45	48.40	46.07	利食い	1.38	6.49
14-Long	46.25	45.34	47.64	損切り	(0.91)	5.58
15-Short	44.84	45.74	43.53	損切り	(0.90)	4.68
16-Long	45.29	44.40	46.65	損切り	(0.89)	3.79
17-Short	42.78	43.64	41.53	利食い	1.25	5.04
18-Short	40.11	40.91	38.94	損切り	(0.80)	4.24
19-Short	39.23	40.01	38.09	利食い	1.14	5.38
20-Long	39.11	38.46	40.41	損切り	(0.65)	4.73

り433ドル）。平均仕掛け価格は45.76で、1カ月間の純ROI（投資収益率）はプラス9.5％である。また同じシステムで、2010年3月の比較的静かな時期に行ったBGUのトレード結果は、総リターンがプラス1.57％だった（手数料差し引き後の純利益は100株当たり117ドル）。平均仕掛け価格は57.70で、1カ月間の純ROIはプラス2.0％である。これら40回のトレードのリターンからは、このシステムから期待できるもの

表6.4 BGUに対する5分トレンド・トレードシステムのリターン(静かな市場)

売買	仕掛け価格	損切り	利食い	手仕舞い価格	結果	累計
1-Long	53.37	52.32	54.97	53.16	(0.19)	(0.19)
2-Short	53.66	52.61	55.27	53.30	0.36	0.17
3-Long	53.56	52.51	55.17	53.74	0.18	0.35
4-Long	54.85	53.77	56.50	56.01	1.16	1.51
5-Long	56.14	55.04	57.82	56.08	(0.06)	1.45
6-Short	55.53	56.64	53.91	stop	(1.11)	0.34
7-Long	56.54	55.43	58.24	57.18	0.64	0.98
8-Long	56.88	55.76	58.59	57.82	0.94	1.92
9-Long	58.67	57.52	60.43	stop	(1.15)	0.77
10-Short	57.65	58.80	55.97	57.86	(0.21)	0.56
11-Long	58.45	57.30	60.20	59.41	0.96	1.52
12-Long	59.99	58.81	61.79	60.52	0.53	2.05
13-Long	60.55	59.36	62.37	60.17	(0.38)	1.67
14-Long	60.69	59.50	62.51	stop	(1.19)	0.48
15-Short	58.24	59.40	56.54	stop	(1.16)	(0.68)
16-Long	59.25	58.09	61.03	60.24	0.99	0.31
17-Long	59.51	58.34	61.30	59.29	(0.22)	0.09
18-Short	60.51	61.72	58.75	target	1.76	1.85
19-Short	59.77	60.97	58.03	59.98	(0.20)	1.65
20-Long	60.21	59.03	62.02	60.13	(0.08)	1.57

がはっきりと分かる——およそ半分が勝ちトレードで、各トレードの平均純利益は1日におよそ25～30ベーシスポイントである。これはつまり、時間をかければ大きな利益が得られるということである。例えば、BGUを1000株トレードできれば、これら2期間における純利益は5500ドルになる。これは年間換算するとおよそ3万3000ドルである。これはこの1つのシステムのみから得られる利益である。1日にわずか5分のトレードでこれだけ得られるのだから悪くはない。

第7章

VIX リバーサルシステム

The VIX Reversal System

　数年前、私はいろいろなリバーサルシステムの実験を始めた。リバーサルシステムは、どちらか一方の方向ではなく、上昇や下落のあらゆる株価の動きを利用するため、素早く利益を得られる方法だ。リバーサルシステムは、株やETF（上場投信）で常に買いか売りのポジションを建てておく必要がある。そしてシグナルが出たら現在のポジションをドテンする。リバーサルシステムでは、シグナルそのものがリスクを低減させる役目を果たすため、通常、損切りや利食い注文は置かない。

　VIX指数（ボラティリティ指数）については以前詳しく説明した。VIXは未来を予測する指数である。プロのマネーマネジャーや大口トレーダーがS&P500指数の翌月のリターンがどうなると思っているのかを的確に教えてくれるものである。VIXを計算するうえで重要な変数は、S&P500のアウト・オブ・マネーのコールとプットのインプライドボラティリティの値である。**図7.1**はVIXの実際の計算式を示したものだ（シカゴオプション取引所［CBOE］のサイトより）。

　私はこれらの数字が何を意味するのかは分からない。しかし、このなかのどこかに、アウト・オブ・マネーのコールとプットの価格差が含まれているはずである。S&P500のアウト・オブ・マネーのオプションの価格が上昇すると、VIXも上昇する。VIXが上昇するというこ

図7.1　VIXの計算式

$$VIX = 100\sqrt{(365/30)[wP_1 + (1-w)P_2]}$$

ただし

$$P = 2e^{rt}\left[\sum_{0}^{K_0}(\Delta K/K^2)\text{put}_K + \sum_{K_0}^{\infty}(\Delta K/K^2)\text{call}_K\right] - (F_0/K_0 - 1)^2$$

とは、プロのマネーマネジャーが、現在アウト・オブ・マネーのものが次の満期日には利益になると思っていることを示している。逆にVIXが下落すると、プロのマネーマネジャーはアウト・オブ・マネーのコールとプットは次の満期日には無価値になると思っていることを示している。これ自体はトレードには使えない情報のように思えるが、これはビッグマネープレーヤーたちが彼らのポジションに対する起こりそうもないヘッジ（保険）によって、多くのお金を払おうと思っていることを示しているのである。したがって、VIXはプロトレーダーたちの市場に対する恐怖を表しているわけである。恐怖は市場価格を下落させる傾向があり、逆に貪欲は市場価格を上昇させる傾向がある。もちろんビッグマネープレーヤーたちはいつも正しいとは限らないが、彼らのファンドは市場を大きく動かすため、ミクロトレンドトレードで大きな利益を上げるために、彼らの心理状態を表すVIXを利用しようというわけである。

　ここで紹介するVIXリバーサルシステムは、私のシステムのなかでボラティリティが高いときに最も儲かるシステムだ。このシステムはVIXの日中のリバーサルをレバレッジETFに適用しようというものだ。VIXはS&P500とは反対の動きをするため、VIXが下方に反転したらETFを買い、VIXが上方に反転したらETFを売るか、または

インバース型ETFを買う。リバーサルシグナルは取引日の最中にいつでも発生する可能性があるため、常にチャートを見ている必要がある。このシステムはより長い時間枠（例えば、60分足チャート）にも適用できる。この場合はシグナルは1時間ごとにチェックすればよい。しかし、私の経験から言えば、5分足チャートよりも長い時間枠ではパフォーマンスは低下する。このシステムから最大の利益を得るには、1日中フルタイムでトレードする必要がある。

VIXリバーサルシステムの概要

このシステムは実に簡単だ。VIXの5分足チャートで2つの移動平均線を見る。これら2つの移動平均線がどこかの5分足の終値の時点の下に交差すれば、これはS&P500に相関するレバレッジETFを買えというシグナルになる。どこかの5分足の終値の時点で上に交差すれば、レバレッジETFを売るか、インバースETFを買えというシグナルになる。私は下に交差したときにはディレクシオ・ラージ・キャップ・ブル3xシェアーズ（BGU。第6章を参照のこと）を買い、上に交差したときにはディレクシオ・ラージ・キャップ・ベア3xシェアーズ（BGZ。BGUのインバース）を買うことにしている。オーバーナイトボラティリティリスクを避けるために、大引けですべての未決済ポジションを手仕舞い、翌日の寄り付き後の最初のリバーサルシグナルで新たなトレードを仕掛けなければならない。

表7.1はVIXリバーサルシステムの6カ月のバックテストの基本的なデータを示したものだ。

このシステムはトレードをたくさん生成する（1日当たり5トレード以上）ため、6カ月の目視によるバックテストのみ行った。このシステムは2008年の初めから断続的に使ってきたが、どんな市場タイプでも利益が出ることは保証できる。ただし、S&P500がゆっくりとし

表7.1　VIXリバーサルシステムのデータ

システム	VIXリバーサルシステム
タイプ	リバーサル。買いと売り
期間	1日。リバーサルシグナルまたは引けで手仕舞う
バックテスト	2010/1/1から2010/6/30までの6カ月。BGUのみ
用いたチャート	VIXの5分足の折れ線グラフ、5分足バーチャート、または5分足のローソク足チャート
総トレード数	624回。勝率56％。1トレード当たり＋0.25％の純利益
利益	100株当たり7020ドル（年次ROIは＋302％）
損切り（買い）	シグナルが出たらショートにドテン
損切り（売り）	シグナルが出たらロングにドテン
利食い	引成

た上昇トレンドにあり、VIXが15を下回り、アウト・オブ・マネーのオプションのプレミアムの変動がほぼ消滅したときには、数カ月間負けが続くこともある。VIX指数そのものにボラティリティがなければ、システムは機能しない。リバーサルシステムにとって方向感のなさは大敵なのだ。前のバックテストには、VIXが10台に沈んだ2010年3月と4月が含まれていた。2010年の5月と6月はこのシステムにとって素晴らしい月だった。総トレード数208回のうち119回が勝ちトレードになり、口座資産は手数料差し引き後で55％増加した。前のバックテストでは1年で年率300％を超える口座リターンを達成した。ときどきマウスをクリックするだけにしては上等だ。

表7.2　VIXリバーサルシステムのセットアップ

時間枠	5分足のVIX
チャートの種類	折れ線グラフ、バーチャート、またはローソク足チャート
インディケーター	なし
重ね書きするインディケーター	5期間単純移動平均線、15期間単純移動平均線、BGU（自由選択）

VIXリバーサルシステムのパラメーター

　VIXリバーサルシステムを使ってトレードするには、**表7.2**に示したインディケーターをチャートに適用する。

　このシステム用にチャートを設定するのはちょっと厄介だ。まず最初に、VIX指数の5分足チャートを見る。次に、5期間と15期間の単純移動平均線をそれに重ねる。次に、VIXの足を見えなくする。これは、StockCharts.com を使えば簡単だ。ドロップダウンメニューから「Type」を選び、「Invisible」を選べばよい。ここまで終わったら、チャート上には2つの移動平均線のみが表示される。私は通常、短期の5期間単純移動平均線は点線で描き、シグナルラインである15期間単純移動平均線は実線で描く。こうすれば交差が分かりやすいからだ。2つの移動平均線の背後にBGUなどあなたがトレードしようと思っているETFのチャートを表示させ、透明度を上げ、VIXシグナルがはっきり分かるようにする。得られるシグナルチャートは**図7.2**に示したようなものになるはずだ。

VIXリバーサルシステム

　寄り付いたあと、VIXの5分足チャートの最初のシグナルが点灯し

図7.2　VIXのチャートと単純移動平均線

たときに、BGUかSSOで新しいポジション(買いか売り)を建てる。ただし、シグナルは次のように定義される。

- VIXの5期間単純移動平均線がVIXの15期間単純移動平均線を下に交差したら買う。
- VIXの5期間単純移動平均線がVIXの15期間単純移動平均線を上に交差したら売る。

ドテンと引成による手仕舞い

- 新しいシグナルが出るたびごとにポジションをドテンする(買いから売りへ、あるいは売りから買いへ)。
- ポジションは大引けで手仕舞う。

　前にも言ったように、このシステムは市場ボラティリティを利用するように設計されたものだ。VIXが20を上回ったときは、このシステ

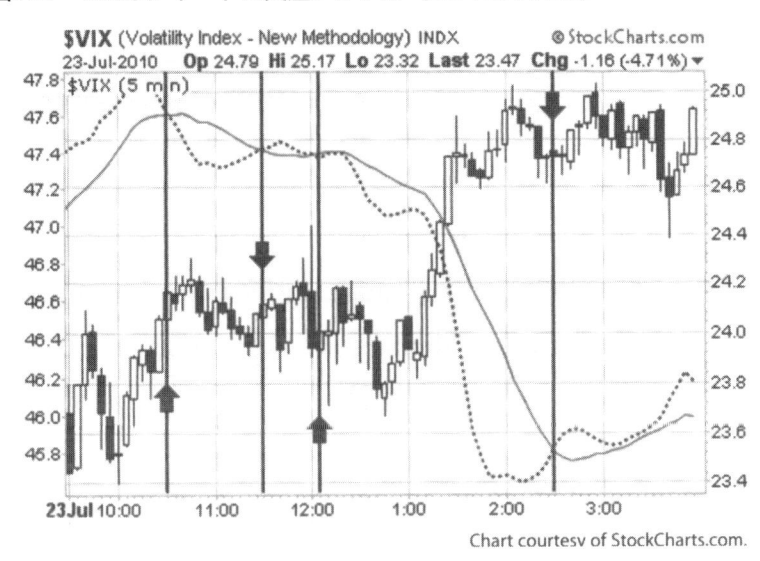

図7.3　VIXのチャートと交差シグナル（2010/7/23）

ムは必ず利益を出し、30を上回ったときは、ほかのミクロトレンドシステムのほとんどをアウトパフォームする。したがって、VIXが20を下回ったときにはこのシステムは使わないほうがよい。

VIXリバーサルシステムの実例

　図7.3はBGUのローソク足チャートにVIXの交差シグナルを重ねたものである。2010年7月23日は方向感がなく、トレードは全部で4つ生成された。最初の2つと4つ目のシグナルは小さな損失になったが、3番目のトレードは100株当たり46ドルの純利益となり、この日を救ってくれた。

　VIXリバーサルシステムのほかの例を見てみよう。2010年8月13日の金曜日、S&P500は方向感がなく、非常に狭いレンジで推移していた。そのわずか2日前、S&P500は3％も下落したが、金曜日には上昇し、続いていた売り圧力に対して支持線が形成された。スイングト

図7.4　VIXのチャートと交差シグナル（2010/8/13）

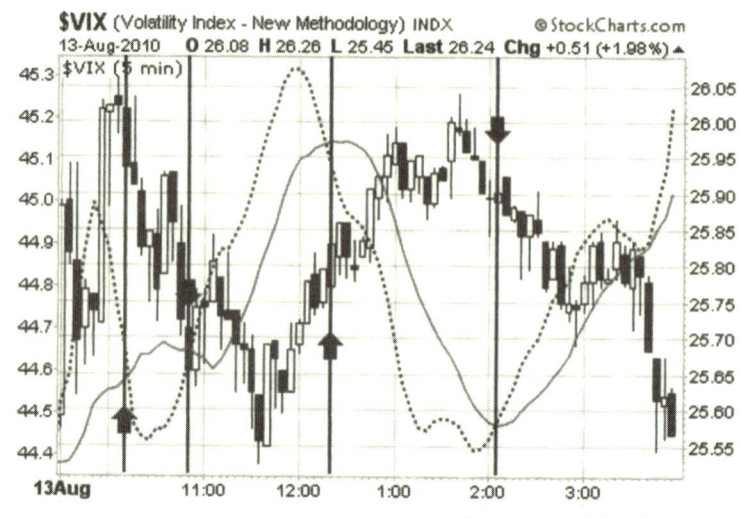

図7.5　VIXのチャートと交差シグナル（2010/8/16）

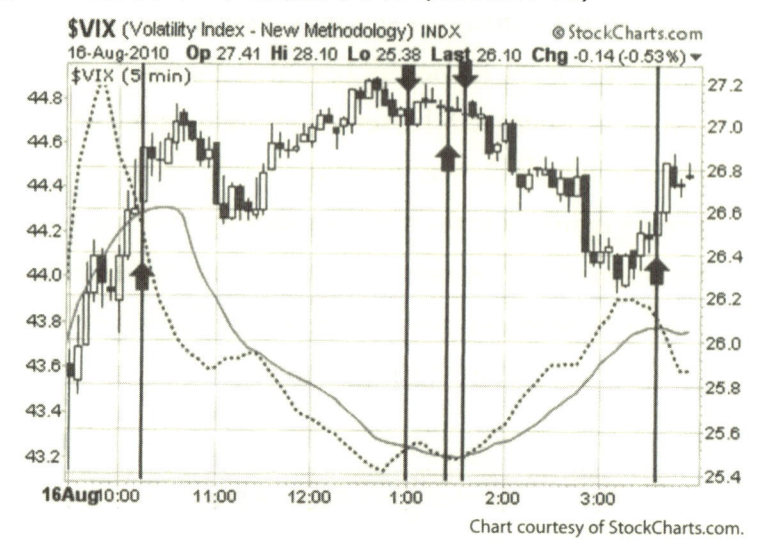

　レーダーの多くはその日は落胆して帰宅したが、VIXリバーサルシステムを使っていたミクロトレンドトレーダーたちは図7.4に示した4つのシグナルで利益を手にした。狭いレンジ相場ではこのシステムが

アウトパフォームするようなボラティリティは生じないが、その日の終わりまでには、VIXリバーサルシステムは4つのトレードのうち2つが勝ちトレードになり、100株当たり28ドルの純利益になった。

次の取引日の2010年8月16日、ギャップダウンで寄り付いたあと反転モードに入った。大きなギャップダウンだったため売り手は息切れし、最終的には買い手が優位に立った形だ。その日、VIXリバーサルシステムは5つのシグナルを出してきた（**図7.5**を参照）。このうちの3つは勝ちトレードになり、トータルで100株当たり67ドルの利益になった。

8月16日、VIXリバーサルシステムのパフォーマンスが低かったのは明らかだ。単純にBGUを寄り付きに買って、引けに売っていれば、100株当たり87ドルの利益を手にすることができただろう。ただし、これは67ドルのリターンをしのぐわけではない。なぜなら、1日中コンピューターの前に座ってチャートをチェックするという機会コストが含まれていないからだ。しかし、この2日間で、VIXリバーサルシステムは手数料を含め9回のトレードで95ドルの利益を上げていた。もし8月13日の朝にBGUを100株買い、8月16日の引けで売っていれば、手数料差し引き前の利益はわずか1ドルにすぎなかっただろう。アクティブにトレードすることで、利益を1000％も増やすことができたのである。しかも、オーバーナイトリスクはゼロである。もし現金自動支払機のように百パーセントメカニカルで利益の出るシステムが欲しければ、これがそのシステムである。

もう一度言うが、これはボラティリティあってのシステムであることを忘れてはならない。つまり、VIXが高く（20を上回る。これ以上であればもっと望ましい）、BGU（またはSSO）の日々の値幅が広いことが条件だ。これらの条件のうち1つでも満たさないものがあれば、このシステムはアンダーパフォームするだろう。典型的な例として、2010年8月17日を見てみよう。VIXは前週の21から29に上昇した。し

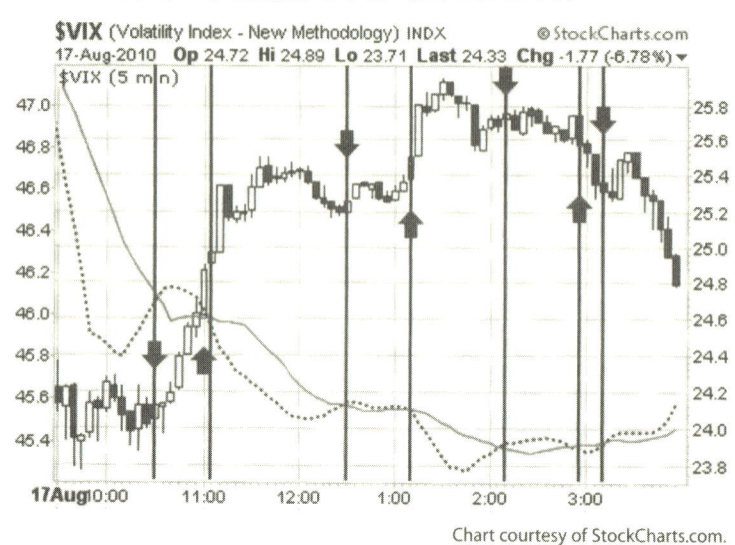

図7.6 VIXのチャートと交差シグナル（2010/8/17）

かし、強気相場が弱気相場から支配権を奪い取ると、VIXは20台にまで下落した。8月17日、VIXリバーサルシステムは7つのシグナルを生成した。いつになく多くのシグナルだ。このチャートを示したものが図7.6である。

7つのシグナルのうち、利益が出たのは3つだけだった。その日の損失は100株当たり27ドル（手数料を含む）で、何とか対処可能な水準だった。このようにちゃぶつきに支配されるときは数日間続くこともあり、場合によっては数カ月も続くこともある。これを防ぐには、ボラティリティが低いときにはこのシステムを使わないことだ。しかし、現在のボラティリティは過去3年間この水準にあり、当分はボラティリティの高い期間が続きそうだ。これからの数年にわたって、VIXは20の半ば辺りで推移するのではないかと思っている。

表7.3は2010年6月の1カ月間に実際のお金を使って行ったトレードの一覧を示したものである。アミ部分の数字はBGUのその日の引けの価格を示している（ドテンシグナルが出なければその日の引けに

手仕舞うことになっているため）。

VIXリバーサルシステムを実際のお金を使って20日間以上連続トレードしてみた結果（2010年6月）、100株当たり1364ドルの総利益（純利益は1154ドル。1日当たり57.70ドル）が得られた。したがって、1000株では1カ月の収入は1万1540ドル（1日当たり577ドル）になる。出されたシグナルは全部で105回で、1日当たりの平均は5.3回のトレードだった。105回のトレードのうち、59回が勝ちトレード（勝率は56％）で、45回が負けトレード、1回がブレークイーブンだった。この期間のVIXは22.87から37.38の間で推移していた。これは比較的ボラティリティが高かったことを示している。この検証期間の平均仕掛け価格は45.72で、純ROI（投資収益率）は25.2％（年間換算では302.4％）だった。

表7.3　VIXリバーサルシステムのトレード（2010/6）

売買	仕掛け価格	ドテンポイント	結果	累計
Long	44.35	43.90	(0.45)	(0.45)
Short	43.90	43.74	0.16	(0.29)
Long	43.74	43.77	0.03	(0.26)
Short	43.77	42.08	1.69	1.43
Long	42.23	41.85	(0.38)	1.05
Short	41.85	41.48	0.37	1.42
Long	41.48	42.30	0.82	2.24
Short	42.30	42.42	(0.12)	2.12
Long	42.42	41.95	(0.47)	1.65
Short	41.95	41.82	0.13	1.78
Long	41.82	42.21	0.39	2.17
Short	42.21	42.70	(0.49)	1.68
Long	42.70	43.22	0.52	2.20
Short	44.02	43.96	0.06	2.26
Long	43.96	45.02	1.06	3.32
Short	45.02	42.68	2.34	5.66

売買	仕掛け価格	ドテンポイント	結果	累計
Long	45.11	45.25	0.14	5.80
Short	45.25	45.62	(0.37)	5.43
Long	45.62	45.22	(0.40)	5.03
Short	45.22	45.11	0.11	5.14
Long	45.11	45.37	0.26	5.40
Short	45.37	45.61	(0.24)	5.16
Long	45.61	46.43	0.82	5.98
Short	45.24	46.18	(0.94)	5.04
Long	46.18	46.09	(0.09)	4.95
Short	46.09	46.19	(0.10)	4.85
Long	46.19	46.25	0.06	4.91
Short	46.25	46.27	(0.02)	4.89
Long	46.27	46.31	0.04	4.93
Short	46.31	46.23	0.08	5.01
Long	46.23	47.18	0.95	5.96
Short	48.75	48.27	0.48	6.44
Long	48.27	48.03	(0.24)	6.20
Short	48.03	47.97	0.06	6.26
Long	47.97	47.32	(0.65)	5.61
Short	47.32	47.01	0.31	5.92
Long	48.34	48.78	0.44	6.36
Short	48.78	48.80	(0.02)	6.34
Long	48.80	49.25	0.45	6.79
Short	49.25	49.78	(0.53)	6.26
Long	49.78	49.67	(0.11)	6.15
Short	49.67	49.80	(0.13)	6.02
Long	49.80	50.18	0.38	6.40
Short	49.44	49.63	(0.19)	6.21
Long	49.63	50.10	0.47	6.68
Short	50.10	50.22	(0.12)	6.56
Long	50.22	50.56	0.34	6.90
Short	50.56	50.08	0.48	7.38
Long	50.64	49.88	(0.76)	6.62
Short	49.88	49.18	0.70	7.32

第7章　VIXリバーサルシステム

売買	仕掛け価格	ドテンポイント	結果	累計
Long	49.18	49.38	0.20	7.52
Short	49.38	49.43	(0.05)	7.47
Long	49.43	49.77	0.34	7.81
Short	49.77	49.64	0.13	7.94
Long	49.64	50.27	0.63	8.57
Short	50.51	50.33	0.18	8.75
Long	50.33	50.08	(0.25)	8.50
Short	50.08	50.24	(0.16)	8.34
Long	50.24	50.40	0.16	8.50
Short	50.40	49.78	0.62	9.12
Long	49.78	49.67	(0.11)	9.01
Short	49.67	49.80	(0.13)	8.88
Long	49.80	50.18	0.38	9.26
Short	51.75	51.18	0.57	9.83
Long	51.18	50.50	(0.68)	9.15
Short	50.50	49.84	0.66	9.81
Long	49.85	49.92	0.07	9.88
Short	49.92	49.92	0.00	9.88
Long	49.92	49.31	(0.61)	9.27
Short	49.31	47.33	1.98	11.25
Long	46.70	46.33	(0.37)	10.88
Short	46.33	46.58	(0.25)	10.63
Long	46.58	46.85	0.27	10.90
Short	46.85	47.00	(0.15)	10.75
Long	47.00	46.86	(0.14)	10.61
Short	45.95	45.62	0.33	10.94
Long	45.62	44.99	(0.63)	10.31
Short	44.99	45.60	(0.61)	9.70
Long	45.60	45.69	0.09	9.79
Short	45.69	44.51	1.18	10.97
Long	44.65	44.38	(0.27)	10.70
Short	44.38	44.35	0.03	10.73
Long	44.35	45.48	1.13	11.86
Short	45.48	45.12	0.36	12.22

143

売買	仕掛け価格	ドテンポイント	結果	累計
Long	44.56	45.11	0.55	12.77
Short	45.11	44.94	0.17	12.94
Long	44.94	44.97	0.03	12.97
Short	44.97	44.57	0.40	13.37
Long	41.27	40.92	(0.35)	13.02
Short	40.92	41.24	(0.32)	12.70
Long	41.24	40.83	(0.41)	12.29
Short	40.83	40.42	0.41	12.70
Long	40.27	40.87	0.60	13.30
Short	40.87	40.88	(0.01)	13.29
Long	40.88	40.45	(0.43)	12.86
Short	40.45	39.10	1.35	14.21
Long	37.92	38.79	0.87	15.08
Short	38.79	38.92	(0.13)	14.95
Long	38.92	38.23	(0.69)	14.26
Short	38.23	38.68	(0.45)	13.81
Long	38.68	38.75	0.07	13.88
Short	38.48	38.08	0.40	14.28
Long	38.08	37.56	(0.52)	13.76
Short	37.56	37.90	(0.34)	13.42
Long	37.90	38.12	0.22	13.64

第8章
ランチタイムスキャルピング・システム
The Lunchtime Scalp System

　ランチタイムスキャルピング・システムは私のトレードシステムのなかで最も人気のあるシステムのひとつだ。私が個人的に指導している顧客の多くはランチタイムにトレードする。なぜならランチタイムだけが自由になれる時間帯だからだ。ランチタイムになると彼らはノートパソコンとサブウェイのサンドイッチを抱えて、従業員用ラウンジのなかで静かな場所を探す。そして、オンラインブローカーの口座とチャート作成パッケージにログインしたら、仕事の開始だ。同僚たちが冷水器のそばで最近のアメリカンアイドルの予選についておしゃべり（最近、本当にこんなことするヤツっているの？）している間、企業家精神にあふれたオタクたちは市場からコツコツと小利を得るのに忙しい。

　デイトレーダーのほとんどは、米国市場の寄り付きから引けまでの6時間半の間には、出来高にムラがあることを知っている。デイトレーダーたちは取引日をいろいろな時間帯に分けて語るのが好きだ。各時間帯は1つの方向に持続するトレンドによって特徴づけられ、ある時間帯から別の時間帯に移行するのは市場が反転するときである。デイトレーダーたちは取引日（9時30分〜16時まで）を6つ以上の時間帯に分ける。市場が今どの時間帯にいるのかを色分けして視覚的にリマインドしてくれる時計まであるほどだ。

これらの時間帯のなかで、ミッドデイ（11時～14時）はほかとはちょっと違っている。11時以前と14時以降は強いトレンドが現れるのが特徴的だが、ミッドデイは出来高が少なく方向感のない時間帯と考えられていた。いわゆるミッドデイスランプは、プロのトレーダーがNYSE（ニューヨーク証券取引所）のフロアやゴールドマン・サックスのトレードルームを離れ、デルモニコ（有名なレストラン）やチプリアーニ（ホテル）で大きなステーキを胃の中に流し込み、マルチーニを2～3杯やってから再び仕事に戻り大きなアクションを取るという言い伝えから来ている（負け続きのトレーダーはカフェ・ブラボーへと向かう）。こうしたビッグマネーがデスクを離れているのだから、出来高は枯渇し、方向感の乏しい動きになるのは当然だ。

　時間帯理論にはそれなりの理由もあるが、今日では昔ほど当てにはならない。オンライントレードの登場によって、米国の株式市場はグローバル化した。市場が開いている間はいつでも、サクラメントからシンガポールへ、ボストンから北京へ、ログインできるわけである。米国市場に24時間アクセスできるようになったおかげで、オーダーフローの力学が変わったのである。カオスだったミッドデイにも、今ではある構造が存在する。朝方にかろうじて生まれたトレンドはミッドデイで保ち合いになるというのは、今でも事実だ。そして、その保ち合いは午後の強い方向感を伴った動きの前触れとなる場合が多い。しかし、今日では、ミッドデイの保ち合いは出来高の流れの関数というよりは値動きの関数といった感が強い。ときには、朝方に動きがなかったとき、ミッドデイに海外からの出来高が流入し強い動きを示すことがある。ランチタイムトレーダーはこの構造を利用して毎日この時間帯に現れるミクロトレンドのスキャルピングを試みることが可能だ。

　私のセミナーではランチタイムスキャルピング・システムを教えている。このシステムではチャートをミクロチャートに掘り下げる。3分足チャート、2分足チャート、場合によっては1分足チャートにま

で掘り下げ、トレード機会を増やすのだ。あとで見ていくが、このシステムでは5分足チャートも機能する。しかし、短い時間枠に比べるとセットアップは減少する。もうひとつ注意すべきことは、こうした短い時間枠では、1本の足の出来高は少ないため、テクニカルインディケーターはあまりうまく機能しないということである。したがって、ランチタイムスキャルピングでは、値動きだけをベースとするシステムを使うのがよい。ランチタイムスキャルピング・システムでは、インディケーター、移動平均線、出来高分析はすべて無視し、価格のみに注目する。

ランチタイムスキャルピング・システムの概要

このシステムは簡単だが、ある程度チャートを読むスキルが必要になる。買いや売りのシグナルの手掛かりになるのは2つの価格パターンである。したがって、これらのパターンがチャートに現れたらすぐに認識できるようになることが重要だ。このパターン認識はできるだけメカニカルにしようとしたのだが、どのトレードにも主観性が必ず入り込むものである。時間をかけて経験を積めば、その主観性も利益の出るツールに変えることができるだろう。

成功するランチタイムシステムを構築するための鍵は、利益目標を小さく抑えることである。だからこそこのシステムは「スキャルピング」システムと言うのである。スキャルピングの目的は、1日を通して何回も短期トレードを仕掛け、小さな動きに乗って小さな利益を得ることである。株価が分数で表示されていた時代、プロのスキャルパーはティーニー（teenie）という言葉を使っていた。ティーニーとは1ドルの16分の1の利益のことである。これはおよそ6セントに相当する。ティーニーを求めて、スキャルパーたちは1日に何百回もポジションを建て、ビッドアスクスプレッドに常に気を配り、薄利といえ

どもできるだけ多くを手に入れることができるように努めた。1000株単位でトレードすれば、勝てば手数料差し引き後およそ50ドルの純利益が手に入る。優れたスキャルパーは良い日には100回以上も勝つことがあった。

ティーニーを求めるスキャルピングの問題点は、損切りをどこに置くかである。1/16に損切りと利食いを置けば、どちらかに到達する確率はフィフティー・フィフティーである。したがって、ブレイクイーブン・システムになる。しかし、損切りをもう少し離れた位置に置けば、その日の利益を消し去ってしまうほど多くの回数の損失を出すことはない。したがって私のシステムは、損切りはティーニーよりも離れた位置に置く。利食いを管理するには簡単な方法がある。ATR（96ページ参照）を使って利食いと最初の損切りを決め、プロフィット・ロス比率を最大化するためにトレーリングストップを置く。こうすれば、トレードがすぐに逆行しても、リスクは限定できる。トレードが最初は順行して、利食い水準に達する前に反転しても、リスクは低減できる。このリスク管理システムと60％を超える勝率を示すセットアップとを組み合わせれば、ランチタイムの時間を利用して儲けることができるのだ！

スキャルピング・システムの目視によるバックテストは厄介だ。そこで、目視によるバックテストを行う代わりに、このシステムを数週間実際のお金を使ってトレードしていろいろな市場状態でうまくいくかどうかを調べることにした。使ったのはBGUの3分足チャートのみだ。というのは、同時にほかのシステムもトレードしていたので、これよりも短い時間枠で複数の銘柄をモニターすることができなかったからだ。ランチタイムトレーダーが得られるリターンを再現したかったので、私は11時から14時までの間に発生する有効なセットアップのみをトレードした。**表8.1**はBGUを実際のお金を使ってリアルタイムで2カ月間、検証したデータを示したものだ。

表8.1　ランチタイムスキャルピング・システムのデータ

システム	ランチタイムスキャルピング・システム
タイプ	プルバック。買いと売り
期間	1日。利食いまたは損切りで手仕舞う
バックテスト	2010/5/8から2010/7/8までの42日間。BGUのみ
用いたチャート	3分足のローソク足チャート。11時から14時までのみ
総トレード数	236回。勝率62%。1トレード当たり+0.57%の純利益
利益	年次換算で100株当たり5690ドル（年次ROIは+127%）
損切り（買い）	仕掛け価格-1×ATR（14）。トレーリングストップ
損切り（売り）	仕掛け価格+1×ATR（14）。トレーリングストップ
利食い	1×ATR（14）

　BGUの3分足チャートを使ったこのランチタイムスキャルピング・システムは、42日間にわたって236回のトレードを生成した。1日当たりのトレード回数は5.6回である。これらのトレードのうち、買いは101回で売りは135回だった。勝率62%のこのシステムは、私のシステムのなかで堅実に利益を出すシステムのひとつである。このシステムは5分足チャートでもうまくいき、2カ月間にわたって139回のトレードを生成した（1日当たり2～3回のトレード）。これらの数字から推計すると、ほかの条件一定のもとで2分足チャートを使えばおよそ355回のトレードを生成することになる（1日当たり8.5回のトレード）。また、1分足チャートでは710回のトレード生成することになる（1日当たり17回のトレード）。どの場合も、1日の純利益は手数料差し引き後で100株当たりおよそ22ドルになる（1カ月では470ドル）。スキャルパーは通常1000株単位でトレードするため、利益はさらに増えるはずだ。

表8.2　ランチタイムスキャルピング・システムのセットアップ

時間枠	5分、3分、2分、または1分足。BGUまたはほかのボラティリティが高く流動性のある銘柄
チャートの種類	ローソク足チャート
インディケーター	ATR（14）
重ね書きするインディケーター	なし

ランチタイムスキャルピング・システムのパラメーター

　このランチタイムスキャルピング・システムをトレードするためのチャートのセットアップは**表8.2**に示したとおりである。

　このシステムのチャートのセットアップは簡単だ。インディケーターも不要で、重ね書きするものもない。出来高も気にする必要はない。チャートに唯一加えたのはATR（初期値は14）だ。ATRはトレーリングストップや利食い価格の計算に使う。トレードのセットアップは価格チャートそのものを見て探す。大きく動いたあといきなり反転したら、それがシグナルになる。トレーダーによってはこれをカスケードムーブと呼ぶ人もいる。カスケードムーブとは、同じ色と形をしたローソク足が3つ以上同じ方向に動くことを言う。3つ目のローソク足がセットアップになる。

　それでは、ランチタイムスキャルピング・システムの仕組みを見てみることにしよう。

ランチタイムスキャルピング・システムの買い

　以下の条件がすべて満たされたら、11時から14時までの間に、BGU

（またはボラティリティが高く流動性のある銘柄）を、5分、3分、2分、または1分足チャートの現在のローソク足の終値で買う。
- 少なくとも3つの連続した陰線（終値＜始値）が発生する
- 陰線のそれぞれの始値は前のローソク足の始値よりも安い
- 陰線のそれぞれの終値は前のローソク足の終値よりも安い
- 陰線はそれぞれ実体を持つ（同時ではない）
- 現在は陽線（終値＞始値）か、同時（終値＝始値）

トレーリングストップと利食いの設定

- 損切り　仕掛け価格－［1×ATR（14）トレーリング］
- 利食い　仕掛け価格＋［1×ATR（14）］
- 注意　現在のローソク足が11時～14時の間に発生しているかぎり、セットアップは有効

ランチタイムスキャルピング・システムの売り

以下の条件がすべて満たされたら、11時から14時までの間に、BGU（またはボラティリティが高く流動性のある銘柄）を、5分、3分、2分、または1分足チャートの現在のローソク足の終値で売る。
- 少なくとも3つの連続した陽線（終値＞始値）が発生する
- 陽線のそれぞれの始値は前のローソク足の始値よりも高い
- 陽線のそれぞれの終値は前のローソク足の終値よりも高い
- 陽線はそれぞれ実体を持つ（同時ではない）
- 現在の陰線（終値＜始値）か、同時（終値＝始値）

図8.1 ローソク足

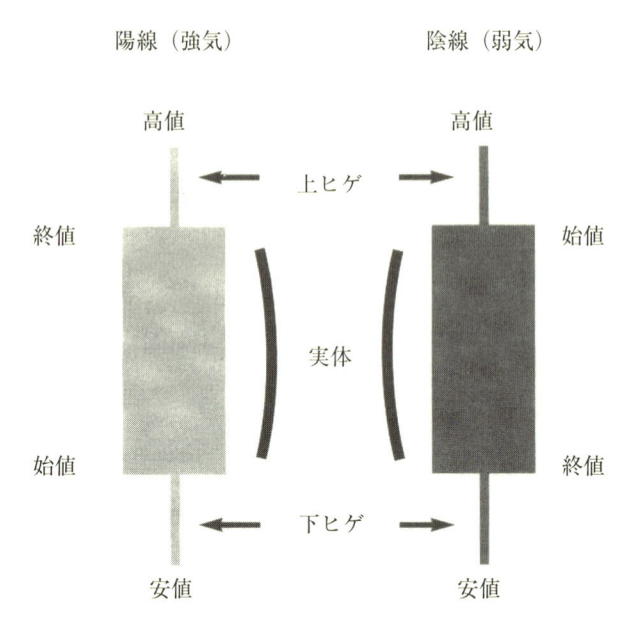

陽線（強気）　　　　　陰線（弱気）

高値　上ヒゲ　高値
終値　　　　　始値
　　　実体
始値　　　　　終値
安値　下ヒゲ　安値

www.OnlineTradingConcepts.com—all rights reserved

トレーリングストップと利食いの設定

- 損切り　仕掛け価格＋［１×ATR（14）トレーリング］
- 利食い　仕掛け価格－［１×ATR（14）］
- 注意　現在のローソク足が11時〜14時の間に発生しているかぎり、セットアップは有効

　ローソク足の「実体」についてよく知らない人は、**図8.1**を参照してもらいたい。

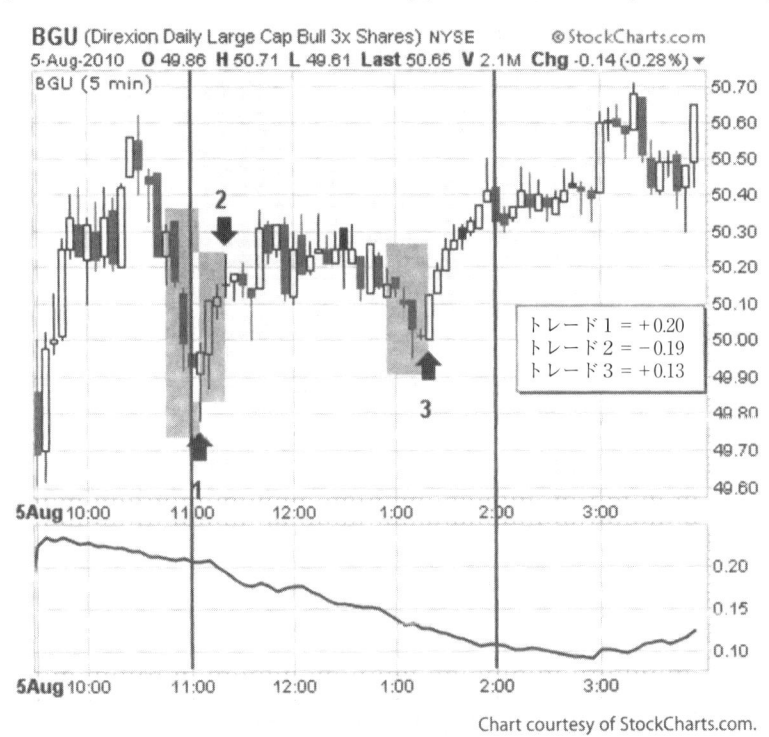

図8.2　ランチタイムスキャルピングの買いのセットアップ（2010/8/5）

ランチタイムスキャルピング・システムの実例

　StockCharts.com は5分足と1分足の間の時間枠はサポートしていないので、このシステムの5分足チャートをいくつか示したいと思う。ここで重要なのは、3つ以上のローソク足のカスケードパターンはいろいろな形で現れるということである。しかし、前に述べたルールは満たしていなければならない。11時から14時までの時間帯を区切るために垂線を引いている。

　図8.2のチャート（2010年8月5日）はBGUの極めて静かな日を示している。VIX指数（ボラティリティ指数）は23で、S&P500は1日中8ポイントという狭いレンジで推移していた。

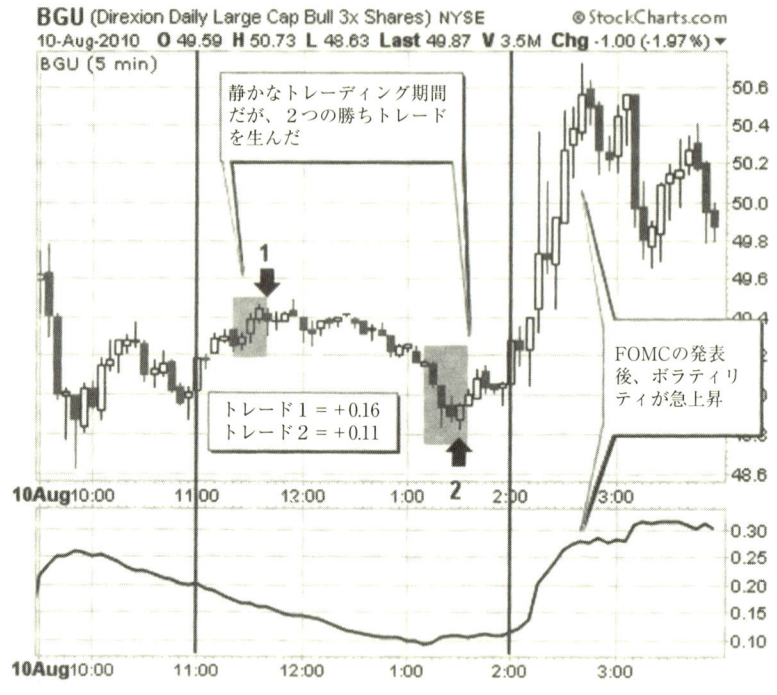

図8.3 ランチタイムスキャルピングの買いのセットアップ（2010/8/10）

チャートを見ると分かるように、3つのランチタイムスキャルピング・トレードが発生している——①11時5分の買い（これは利益になる）、②11時5分の買いポジションを手仕舞ったのと同じ足から始まる売り（これは利益にならなかった）、③13時20分の買い（これは利益になる）。トレーリングストップによってトレード2の損失がわずか0.05に抑えられたため、この日は正味で利益になった（100株当たり28ドルの利益）。

図8.3は、午後にFOMC（米連邦公開市場委員会）が金利政策を発表したことを受けて市場が反応したため、ボラティリティが高まった日を示している。しかし、それ以前はFOMCの発表を控えて市場は非常に静かだった。この日、BGUはミッドデイにはそれほど大きな

図8.4　ランチタイムスキャルピングの買いのセットアップ（2010/8/11）

値動きはなかったが、2つのセットアップは利益になっていることに注目しよう。この日の純利益は100株当たり27ドルだった。

　この翌日（**図8.4**）、市場をコントロールしていたのは弱気筋であることは明らかだろう。この日、BGUの5分足チャートでは3つの有効なランチタイムスキャルピング・セットアップが発生した。トレーリングストップを使って、トレード1の損失は0.18に抑えることができた。したがって、3つのトレードの純利益は100株当たり28ドルだった。支配的なトレンドが下降トレンドであったにもかかわらず、2つの買いのセットアップが発生していることに注意しよう。さらに、13時から13時15分の間に3つの陽線が発生しているが、2番目と3番目の陽線の間に同時が発生しているため、この売りのセットアップは

無効となったことにも注意したい。

　これら３日間の純利益の合計は100株当たり83ドルだった。これはこのシステムの標準的な結果である。トレード時間は３日合わせて９時間だった。したがって、このシステムで１時間当たり10ドル以上稼ぎたいのであれば、ポジションサイズを増やすしかない。スキャルピング・システムは最低でも1000株単位でトレードするのが理想だ。そうすれば３日で830ドルの純利益を稼ぐことができるはずだ。これは月間換算すると6086ドルになる。１日当たり３時間の労働でこの利益は悪くないはずだ。

第9章
アフタヌーンリバーサル・システム
The Afternoon Reversal System

　ほとんどの取引日では、強い値動きを見せる2つの時間帯がある。寄り付き後の1時間と大引け前の1時間だ。寄り付き後のモメンタムに乗るシステムはすでに紹介した（第7章を参照）。一式のワンデイ・ミクロトレンドシステムを完成させるには、午後のモメンタムを利用するシステムが必要になる。

　引け前の60分から90分の間に株価が大きく動くのにはいくつかの理由がある。最も一般的な理由は、ミッドデイの保ち合いが終わり、支配的な価格トレンドが復活するというものだ。もうひとつの理由は、トレーダーたちが翌日の経済指標や決算報告の発表による大きな動きを期待して、事前にポジションを建てたいと思うからである。3番目の理由は、午前の遅い時間に欧州の市場が引けるため、オーダーフローの一部が「海を越えて」米国市場へと流入するためだ。4つ目の理由は、14時30分にはCME（シカゴ・マーカンタイル取引所）のオープンアウトクライの先物取引が終了し、株式市場の流動性が高まるためだ。最後は、月々のイベントによるものである。月々のイベントには、オプションの満期、FOMC（米連邦公開市場委員会）の発表、月末および四半期末の決算などがあり、これらによって引け前に売買が普段よりも増えるのである。

　これらの理由によって、午後の取引時間帯は非常にエキサイティン

グなものになる。出来高が増えることによって引け前の値動きは非常に強くなる。この波に確実に乗れる方法を見つけることができれば、日々大きな収入を得ることができる。アフタヌーンリバーサル・システムはまさにそのためのシステムである。

アフタヌーンリバーサル・システムの概要

このミクロトレンドシステムは13時から16時までの取引時間帯に焦点を当てるものだ。ここで紹介するシステムは、パートタイムトレーダーや複数のシステムを同時にトレードするトレーダーにぴったりだ。セットアップは13時以降にベータの高い銘柄を数分おきにモニタリングするか、リアルタイムの日中スキャンサービスを利用することで見つける。候補を見つけてポジションを建てたら、トレーリングストップと引成注文を入れておく。複数のポジションを建てるのでなければ、これ以上モニタリングする必要はない。

アフタヌーンリバーサル・システムのことを私は「トレンド・フェーディング・システム」と呼んでいる。トレンド・フェーディング・システムは売られ過ぎや買われ過ぎ状態からモメンタムが反転することを期待して、支配的な現在のトレンドの方向とは逆方向にポジションを建てる。トレンド・フェーディング・システムの基本理念は標準的なプルバックシステムに似ているが、トレンドが「フレンドではない」という点が異なる。今のトレンドと逆方向に仕掛けるのは、今の支配的なトレンドはすでに行き着くところまで行き、モメンタムの反転が起こると信じるからである。この信念はクライマックスの買いやクライマックスの売りと呼ばれるイベントに根ざすものだ。午後の取引時間帯はこうしたクライマックスイベントにあふれている。このシステムが高い勝率を誇るのはそのためだ。

アフタヌーンリバーサル・システムは、13時から引けまでの時間帯

のどこかで買いや売りが頻繁に行われるため、支配的なトレンドは最高潮に達する傾向があることを前提とするものだ。支配的なトレンドが最高潮に達するのを見つけるのは簡単だ。買われ過ぎや売られ過ぎが発生し、平均を超える出来高が伴えばこのクライマックス状態が発生したことになる。そして、このクライマックス状態が発生すれば、大引け前に反転する可能性が高い。支配的なトレンドが上げ相場の場合は買いポジションの利食いによって大引け前に下落し、支配的なトレンドが下げ相場の場合は売りポジションの買い戻しによって大引け前に上昇する。いずれの場合も、トレーダーたちはオーバーナイトすることを恐れているため、その心理を利用するわけである。

午後の取引時間帯は反転モードに入る前に方向感がなくなる場合が多い。そのため、仕掛けのシグナルを受け入れる前に、クライマックスの動きとそれに続くカウンタートレンドの動きで確認する必要がある。アフタヌーンリバーサル・システムの基本的な手順は以下のとおりである。13時にトレード候補を探し始める。日中スクリーニングソフトを使えるのであれば、簡単なスキャンを行って適切なセットアップを見つければよい。日中スクリーニングソフトを使えない場合は、私がやっているようなことをやる必要がある。つまり、数分ごとにチャートのウオッチリストをじっくり観察するのだ。適切なトレード候補が見つかったら、トレードを仕掛け、すぐにトレーリングストップと引成注文を入れる。15時30分までに適切な候補が見つからなければ、探すのは断念しその日はそれで終了とする。どのポジションも損切りに達しなければ大引けで手仕舞う。

このシステムは５分足のローソク足チャートに50期間単純移動平均線を重ねたものと、２つのインディケーター（出来高の５期間単純移動平均線と、初期値を20に設定したCCI［コモディティチャネル指数］）を使用する。CCIは一定のサイクルで繰り返される商品価格の極値を見つけるために開発されたものだが、今では株式にも応用されてい

る。CCIは計算に用いられる唯一の変数が価格変数（高値、安値、終値、平均偏差）という意味で、純粋な価格インディケーターである。4つのパラメーター（50期間単純移動平均線に対する価格の位置、CCIの極値、平均を上回る出来高、反転ローソク足）がそろったら、それが仕掛けのシグナルになる。午後の取引時間帯には高いボラティリティが予想されるため、仕掛け価格からかなり離れた位置に単純なパーセンテージトレーリングストップを置いてポジションを管理する。あるいは、広いATRストップ（5×ATR以上）を使ってもよい。利益を最大化するために、損切りに引っかかっていなければ、大引けで手仕舞う。

このシステムのトレード候補を見つけるには、ベータの高い銘柄のウオッチリスト（第2章を参照）を見て、市場セクターが異なり、日々のATRが1.00よりも大きいトップ5～トップ10の銘柄を選ぶとよい。あるいは、流動性が高く、5分足チャートで一貫した方向感のある値動きのウルトラETFを使ってもよい。候補としては、ディレクシオ・ラージ・キャップ・ブル3x（BGU）、プロシェアーズ・ウルトラS&P500（SSO）、ディレクシオン・ファイナンシャル・ブル3x（FAS）、プロシェアーズ・ウルトラ・ファイナンシャルズ（UYG）、プロシェアーズ・ウルトラ・リアル・エステート（URE）、プロシェアーズ・ウルトラ・オイル・アンド・ガス（DIG）、およびこれらのインバースがお勧めだ。これらを提示されたセットアップ（以降を参照）でStockCharts.comのウオッチリストに入れ、13時からじっくり観察してセットアップを探すとよい。

このシステムの目視によるバックテスト用に、私はFinviz.comのスクリーニングを使ってベータの高い銘柄のなかから、現在の価格が10ドル以上、ATRが1.00以上、1日の出来高が100万株以上で、異なるセクターの銘柄のトップ5を選んだ。本書執筆の時点では、ウオッチリストのなかのトップ5銘柄（ATRが大きく、異なるセクターの

表9.1　アフタヌーンリバーサル・システムのデータ

システム	アフタヌーンリバーサル・システム
タイプ	プルバック。買いと売り
期間	1日。損切りまたは引成で手仕舞う
バックテスト	2009/7/8から2010/7/8までの12カ月間。5つの銘柄
用いたチャート	5分足のローソク足チャート。13時から15時30分の間のみ
総トレード数	1249回。勝率71％。1トレード当たり＋0.39％の純利益
利益	2万5000ドル口座で2万4438ドルの利益（年次ROIは＋97.8％）
損切り（買い）	仕掛け価格から－3％。トレーリングストップ
損切り（売り）	仕掛け価格から＋3％。トレーリングストップ
利食い	設定せず

銘柄）は、ヒューマン・ゲノム・サイエンス（HGSI、バイオテック）、ダラー・スリフティー・グループ（DTG、カー・レンタル）、ラス・ベガス・サンズ・コーポレーション（LVS、カジノ）、テック・リソース（TCK、金属）、アメリカン・インターナショナル・グループ（AIG、保険）の5つだった。私はチャートをじっくりと観察し、12カ月にわたって5分足チャートで13時から15時30分の間に発生する有効なセットアップを拾い出した。3％のトレーリングストップを使い、損切りに引っかからなければ（損切りになることはほとんどなかった）、大引けで手仕舞った。1トレード当たりのポジションサイズは5000ドル、手数料は片道1株当たり1ドル、利益の再投資はせずにトレードを行った。私が選んだ5つの銘柄では毎日最低1つのアフタヌーンリバーサル・セットアップが現れた。

表9.1はこのトレード結果を示したものだ。

勝率71％のこのシステムは最も堅実なトレードシステムのひとつと言えよう。1日に平均で1銘柄当たり1回以上トレードできるという

表9.2　アフタヌーンリバーサル・システムのセットアップ

時間枠	5分足。ボラティリティが高く流動性のある銘柄
チャートの種類	ローソク足チャート
インディケーター	出来高チャートに5期間単純移動平均線を重ねたもの、CCI（20）
重ね書きするインディケーター	50期間単純移動平均線

のは、管理可能な範囲内にある。また、このシステムはトレードを行う銘柄の数も思いのままで、望みどおりの数の銘柄だけトレードできる。選んだ銘柄が流動性があり、ボラティリティが高く、値幅が広く、異なるセクターのものであれば、このシステムでトレードできる。本書で紹介するそのほかのシステムと同じく、アフタヌーンリバーサル・システムも静かな市場よりもボラティリティの高い市場で高いパフォーマンスを示す傾向がある。常にボラティリティの高い銘柄をトレードできるように、月初にはウオッチリストを更新することをお勧めする。

アフタヌーンリバーサル・システムのパラメーター

チャートのセットアップは**表9.2**に示したとおりである。

ウオッチリストのチャートにこのセットアップを適用したものは、**図9.1**のようになるはずだ。

それでは、アフタヌーンリバーサル・システムの仕組みを見てみることにしよう。

アフタヌーンリバーサル・システムの買い

以下の条件がすべて満たされたら、13時から15時30分の間に、5分

第9章 アフタヌーンリバーサル・システム

図9.1　アフタヌーンリバーサルのセットアップとAIGの5分足チャート

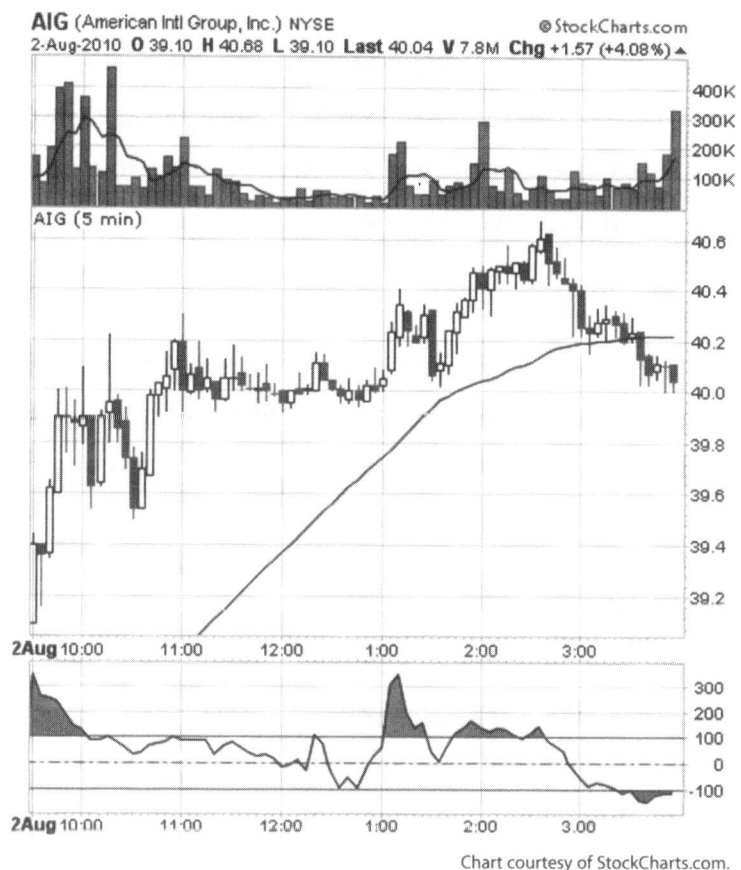

足チャートの現在のローソク足の終値で、流動性がありボラティリティの高い銘柄を買う。

- 終値＜50期間単純移動平均線
- 直近2本のローソク足の1本がCCI＜－150
- 直近2本のローソク足の1本が出来高＞5期間単純移動平均線
- 現在のローソク足は陽線（終値＞始値）か、同時（終値＝始値）

または

- 終値＜50期間単純移動平均線
- 直近2本のローソク足の1本がCCI＜－200
- 現在のローソク足は陽線（終値＞始値）か、同時（終値＝始値）

トレーリングストップと引成注文の設定

- 損切り　仕掛け価格÷1.03（3％のトレーリングストップ）
- 利食い　置かない。損切りに引っかからなければ引成で手仕舞う
- 注意　現在の足が13時から15時30分の間に発生しているかぎり、セットアップは有効

アフタヌーンリバーサル・システムの売り

以下の条件がすべて満たされたら、13時から15時30分の間に、5分足チャートの現在のローソク足の終値で、流動性がありボラティリティの高い銘柄を売る。
- 終値＞50期間単純移動平均線
- 直近2本のローソク足の1本がCCI＞150
- 直近2本のローソク足の1本が出来高＞5期間単純移動平均線
- 現在のローソク足は陰線（終値＜始値）か、同時（終値＝始値）

　または

- 終値＞50期間単純移動平均線
- 直近2本のローソク足の1本がCCI＞200
- 現在のローソク足は陰線（終値＞始値）か、同時（終値＝始値）

トレーリングストップと引成注文の設定

- ●損切り　仕掛け価格×1.03（3％のトレーリングストップ）
- ●利食い　置かない。損切りに引っかからなければ引成で手仕舞う
- ●注意　現在の足が13時から15時30分の間に発生しているかぎり、セットアップは有効

　このシステムに関してはいくつか注意点がある。5分足チャートで見たように、このシステムでは支配的なトレンド（これは日足チャートで見た場合，支配的なトレンドになる場合もあれば，ならない場合もある）と逆方向にトレードする。支配的なトレンドが上昇しているのか下降しているのかを調べるには、現在の価格が5分足チャートの50期間単純移動平均線の上にあるか下にあるかを見ればよい。現在の価格が移動平均線の下にあれば、支配的なトレンドは下降トレンドだが、買う。そして、現在の価格が移動平均線の上にあれば、支配的なトレンドは上昇トレンドだが、売る。CCIが±150のとき、出来高が5期間移動平均線を超えて大きく上昇するはずであり、これによって動きが最高潮に達したことを確認する。CCIが±200まで行けば、それ自体クライマックスなイベントなのでもう出来高を見る必要はない。これらのシナリオのひとつが得られたら、最初に反転したローソク足が陽線または同時であれば買い、陰線または同時であれば売る。ローソク足が反転することなく2つのローソク足が形成され、CCIが±150まで到達せず、出来高が5期間単純移動平均線を上回る、あるいはCCIが±200まで達しないというあまりないケースの場合、このセットアップは無効となるためトレードはしない。

　仕掛けたら、仕掛け価格から3％の位置にトレーリングストップを置く。利食い注文は置かない。損切りに引っかからなけば、その日の大引けで手仕舞う。目視によるバックテストでは、損切りにはあまり

引っかからなかった。損切りに引っかかったのは数回あったが、それはFOMCの発表があったり、オプションの満期といったボラティリティが異常な日だった。ほとんどのトレードはその日の大引けで手仕舞いし、70%を超えるトレードが利益になった。最後にもうひとつ注意点がある。ときどき15時30分ちょうどに有効なシグナルが出る場合もあるが、そのトレードは受け入れることが重要だ。そのトレードはその日の最高のトレードになることがあるからだ。

アフタヌーンリバーサル・システムの実例

12カ月間の検証期間について、目視によるバックテストでフォローした5つの銘柄のうち、最高のパフォーマンスを上げたのはAIGだった。AIGは財務的な懸念があり、政府の管理下に入り、常にメディアに注目されていたため、この期間はボラティリティが高くなることは確実だった。AIGのチャートを見ると、最近の数日間でさまざまなアフタヌーンリバーサルのセットアップが現れている。まずは**図9.2**でアフタヌーンリバーサル・セットアップの基本的な構造を見てみることにしよう。

　このチャートでは、このセットアップの4つの主要なパラメーターが確認できる。
①CCIが13時以降に150を超えている。この場合は200を超えている。
②価格が50期間単純移動平均線を上回っている。これは売りのセットアップを示唆するものだ。
③CCIの値の高いローソク足の出来高が高いことを確認。CCIが200を超えていたため、出来高の確認は必要ではなかったが、出来高を見ることで供給が枯渇し、価格が行きすぎであることを確認できる。ここまで確認して、最初に反転したローソク足で売りポジションを建てる。この場合は13時15分に発生した終値が始値よりも安い

第9章　アフタヌーンリバーサル・システム

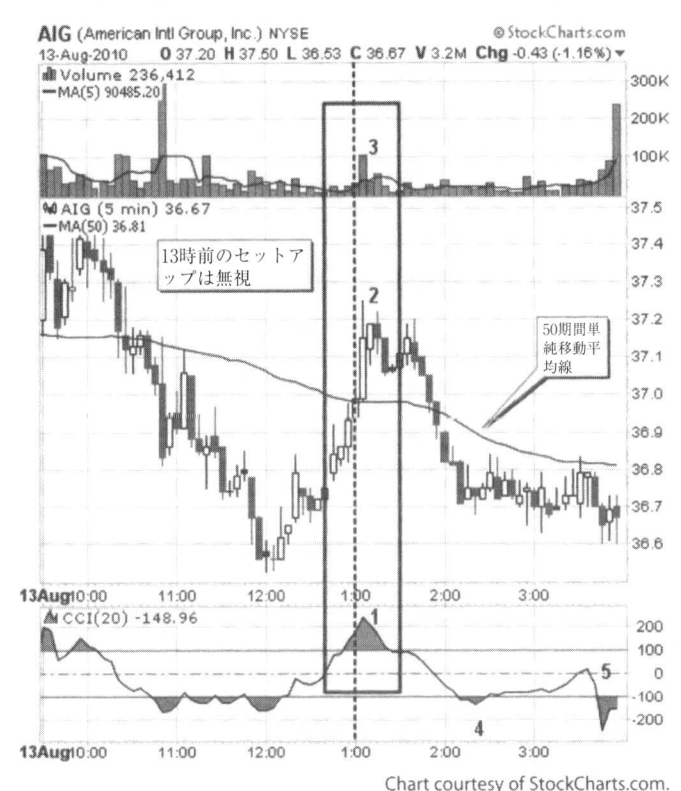

図9.2　AIGのアフタヌーンリバーサルのセットアップ（2010/8/13）

（図中注記：13時前のセットアップは無視／50期間単純移動平均線）

陰線が仕掛け足になる。仕掛け価格は37.15で、38.26に3％のトレーリングストップを置き、引けまで待った。3時間もしないうちに、100株当たり46ドルの利益を手にした。14時前に価格の動きが弱まったが、CCIは－150まで下げなかった。

④そのために、買いは見送る。引け近くになるとCCIは－200を下回った。

⑤しかし、すでに3時30分を回っていたので、セットアップは無効となった。したがって、この日のトレードは1回のみ。

さかのぼって2010年8月2日（**図9.3**）を見てみると、株価が4％

167

図9.3　AIGのアフタヌーンリバーサルのセットアップ（2010/8/2）

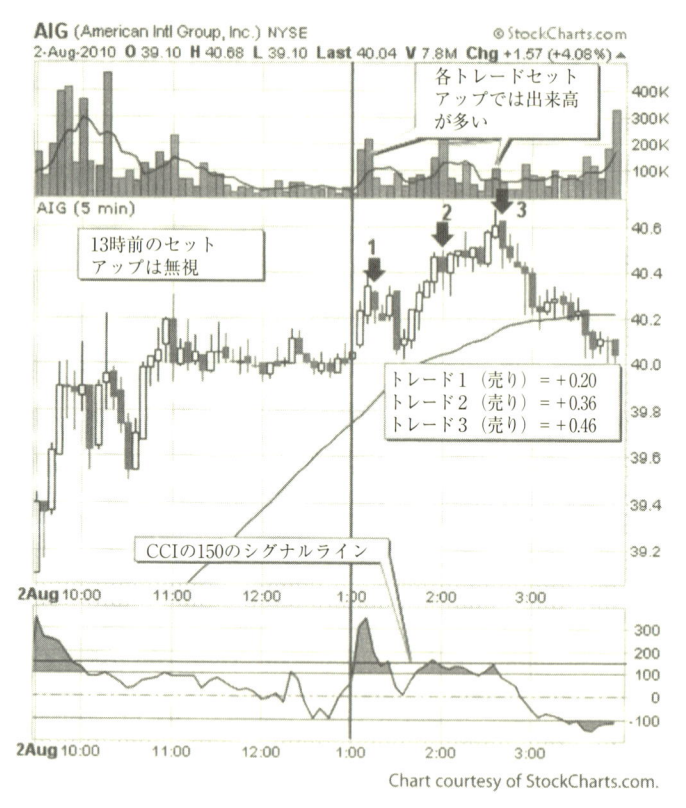

（チャート内注釈）
- 各トレードセットアップでは出来高が多い
- 13時前のセットアップは無視
- トレード1（売り）＝ +0.20
- トレード2（売り）＝ +0.36
- トレード3（売り）＝ +0.46
- CCIの150のシグナルライン

Chart courtesy of StockCharts.com.

以上上昇した日にAIGは3つの有効なシグナルを出しているのが分かる。これはすべて売りで、すべて利益になった。ちょうど13時を回ったところで最初のシグナルが出ているのが分かる。株価は50期間単純移動平均線を上回っていたので、売りシグナルを探す。CCIが150を超えた（この場合、300を超えた）ところで出来高を見てみた。シグナルが出た足の前の2つのローソク足の出来高は5期間単純移動平均線を上回っていた（トレード1）ので、これはゴーサインだ。この場合も出来高を確認する必要はなかった（CCIが300を超えているから）が、出来高を確認するのは良いことだ。仕掛けるためには反転のローソク足が現れるのを待つのみである。これは13時15分に現れた（ト

レード１）。40.24で売って、41.45に３％のトレーリングストップを置き、あとは成り行きを見守るのみだ。45分後、２番目の売りシグナルが出た。CCIは150を上回り、シグナルが出た足の前の足は５期間単純移動平均線の上で引けたため、あとは反転の足を待つのみである。これは14時に発生したので、40.40で新たに売りを仕掛け（トレード２）、41.61にトレーリングストップを置いた。40分後、CCIは150に達し、そのときの出来高は平均を上回っていたため、40.50で３番目の売りを仕掛け（トレード３）、41.72にトレーリングストップを置いた。この時点で３つの売りポジションを保有し、あとは大引けを待つのみだ。大引けで買い戻した。３つの売りポジションの利益は100株当たり96ドルだった。

　もしCCIにベアリッシュダイバージェンスが発生しなかったら、トレード２とトレード３は行わなかっただろう。価格はセットアップごとに高値を更新していたが、CCIは高値がどんどん切り下がっていたからだ。アフタヌーンリバーサルのセットアップにはこのネガティブなダイバージェンスは不要だが、これをチャートで確認できれば自信を持って最初のポジションのサイズを２倍に増やすことができる。

　翌日の2010年８月３日（**図9.4**）、AIGは寄り付き後に暴落したあと、ミッドデイにかけて値幅がATRを下回るレンジ相場になった。しかし正午ごろ強気筋は「ここらで下げ止まるだろう」と言った。そして支持線が形成されたのを見て彼らは買い始めた。このモメンタムの変化の引き金となったのは、13時前に売りが最高潮を迎えたことだった。その日の安値近くで出来高が一気に増大したことを受けて、買い手は一気に買った。そこから３つの売りのセットアップが矢継ぎ早に発生した。それぞれのセットアップのたびごとにCCIは200を上回ったため、出来高をチェックする必要はなかった。私たちは反転の足の終値で売り、３％のトレーリングストップを置いた。この場合も、CCIと価格とのベアリッシュダイバージェンスが見られたため、自信をもっ

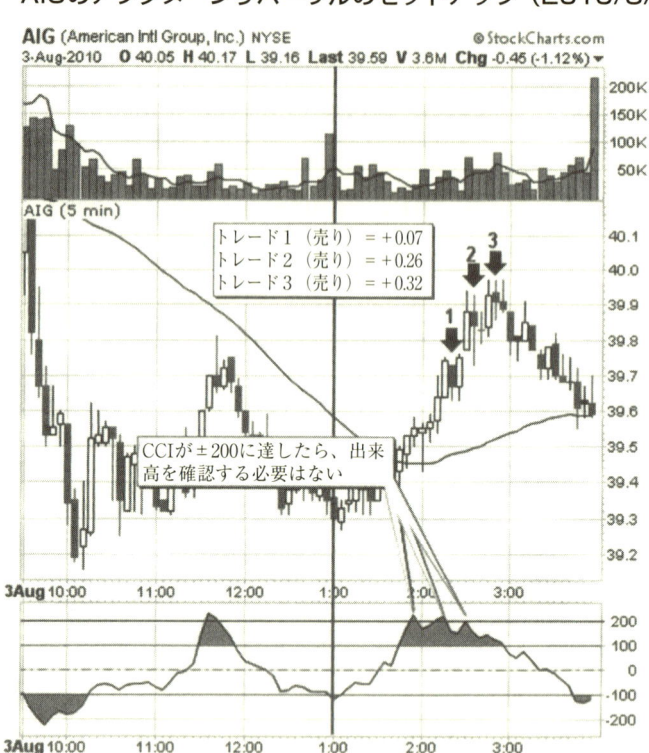

図9.4　AIGのアフタヌーンリバーサルのセットアップ（2010/8/3）

トレード1（売り）＝＋0.07
トレード2（売り）＝＋0.26
トレード3（売り）＝＋0.32

CCIが±200に達したら、出来高を確認する必要はない

て売りのポジションサイズを3倍にした。3つの売りポジションとも大引けで買い戻した。その日、株価は下げて引けたが、100株当たり59ドルの純利益を手にすることができた。

　2010年8月4日（図9.5）、AIGはATRのレンジ相場だったがそこそこのボラティリティを見せた。この日は始値よりわずかに上げて引けただけだが、3つのアフタヌーンリバーサルのセットアップで100株当たり65ドルの利益を得た。売りポジションでは損をしたものの、反対方向に2つのポジションを建ててはならないという理由はない。トレーリングストップによって利益になる場合があるからだ。

　2010年8月5日はその週最後の取引日だった。AIGは再び動きがな

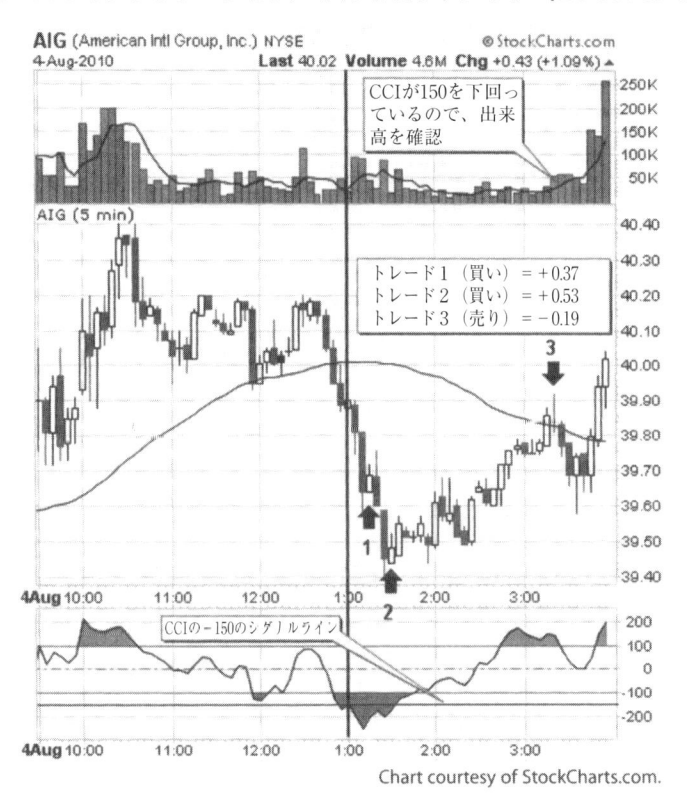

図9.5 AIGのアフタヌーンリバーサルのセットアップ（2010/8/4）

チャート内注釈:
- CCIが150を下回っているので、出来高を確認
- トレード1（買い）＝＋0.37
- トレード2（買い）＝＋0.53
- トレード3（売り）＝－0.19
- CCIの－150のシグナルライン

くなり、前日の終値よりかろうじて下げて引けた。しかし、午後になるとボラティリティは上昇し、システムにとって格好のお膳立てが整った。**図9.6**を見てみよう。２つの売りのセットアップが発生し、両方ともかなりの利益になった。２番目の売り（トレード２）はCCIの値が200に達しなかったため、出来高で確認する必要があった。出来高を見て動きを確認した。その日の遅くに下落したため、売りポジションのサイズを２倍にし、100株当たり70ドルの純利益となった。

　2010年８月６日の金曜日はアフタヌーンリバーサルのセットアップは発生しなかったため、次のトレードは月曜日に持ち越しとなった。2010年８月９日（**図9.7**）、寄り付きから急上昇したあと、50期間単

図9.6　AIGのアフタヌーンリバーサルのセットアップ（2010/8/5）

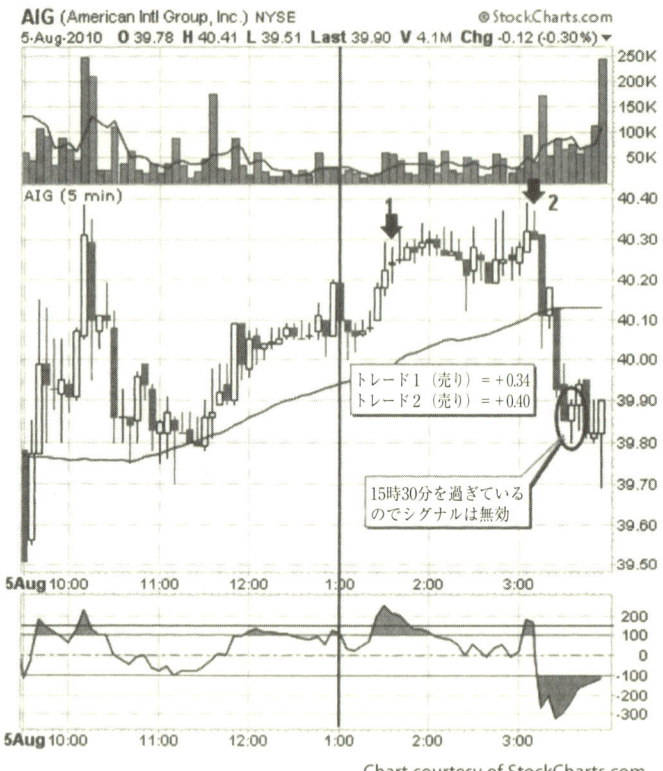

純移動平均線まで押し、そのあとミッドデイの保ち合いに入った。そこから利食いが始まり、2つの素晴らしい売りの機会を与えてくれた。最初のセットアップ（トレード1）はCCIの値が高かったため出来高の確認は必要ではなかったが、2番目と3番目のセットアップ（トレード2とトレード3）では出来高の確認が必要になった。これはシグナルとなる足の前の足の出来高で確認した。これらのトレードによって、手数料差し引き後、トータルで100株当たり42ドルの純利益を得た。

　これら5日間にわたってAIGは強気モードにあり、8月2日の寄り付きから8月9日の大引けまでに2.54％上昇した。しかし、私のアフタヌーンリバーサル・システムを使って、全14回のトレード（このう

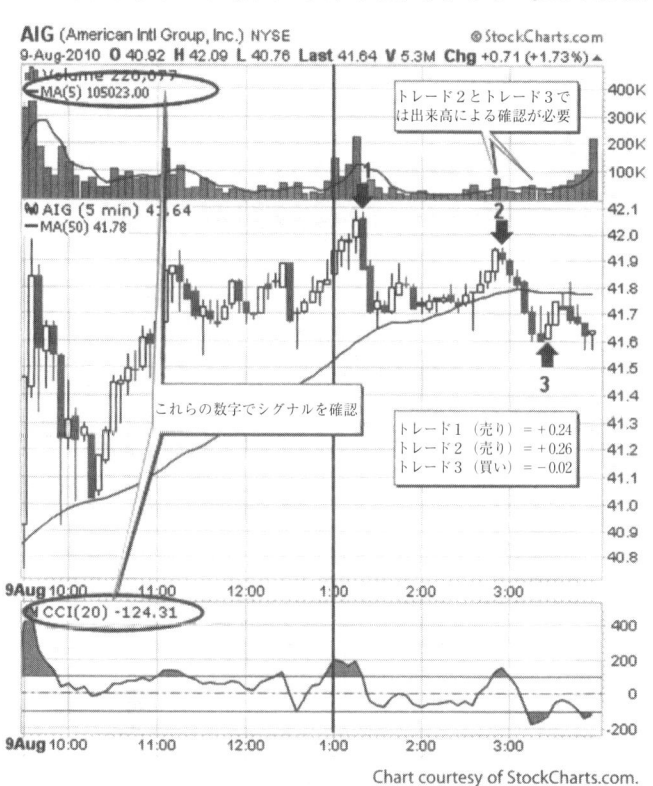

図9.7　AIGのアフタヌーンリバーサルのセットアップ（2010/8/9）

ち11回は売り）で手数料差し引き後、プラス3.32の純利益を得ることができた。これはバイ・アンド・ホールド戦略に比べると31％高い。しかもオーバーナイトリスクはない。これぞまさにミクロトレンドトレードの威力だ。どの銘柄もAIG（年率換算でプラス400％を超えるROI［投資収益率］）と同じようにうまくいくとは限らないが、この章で紹介したスクリーニングテクニックを使えばAIGのようにボラティリティが高く流動性のある候補が見つかるはずだ。それらはこの堅牢なアフタヌーンリバーサル・システムに打ってつけの銘柄だ。

第3部

マルチデイ・ミクロトレンドシステム

Multiday Micro-Trend Systems

第10章
オーバーナイトトレード・システム
The OverNight Trading System

　これまでの章では利益の出る堅牢な5つのワンデイ・ミクロトレンドシステムを紹介してきた。これからの章では数日の値動きで利益をとらえる3つのマルチデイ・ミクロトレンドシステムを紹介する。これらのシステムは必要不可欠なものだが、スキャルパーとデイトレーダー、およびスイングトレーダーとポジショントレーダーの間で活動するトレーダーたちにおろそかにされてきたいわゆるニッチなシステムと言えるだろう。これらのシステムはマルチデイ・ミクロトレンドシステムなので、2日から5日間の期間で発生する値動きをとらえる。保有期間が若干長くなるため、これらのマルチデイ・ミクロトレンドシステムでは1トレード当たりの平均純利益として最低100ベーシスポイントを目指す。

　私がこのトレードシステムの開発を始めたのは、パターンデイトレードルールが使えるようになった10年ほど前である。当時、私は小口トレーダーで、私のトレード口座には2万5000ドルを下回る資金しか入っていなかった。前にも言ったように（第3章を参照）、これでは5日間でデイトレードは3つまでしかできないことになる。もし3つを超えるデイトレードを行えば、口座はブローカーによって自動的に凍結される。デイトレーダーならばだれでも知っていると思うが、1週間にたった3つのデイトレードしかできないのでは生計は立てられ

ない。しかし、このウルトラ短期のトレードは素早く大きなリターンを稼ぐことができることを私は知っていた。

　そこで私は口座を凍結されることなく超短期トレードを行う方法を模索した。こうして開発したのが「オーバーナイトトレード」である。オーバーナイトトレードとは取引日に一連のスキャンを行ってオーバーナイトしたあと利益になるようなセットアップを見つけるものである。オーバーナイトトレード・スキャンは14時ごろ日足チャート上で行い、大引け前に新しいポジションを立てる。これらのポジションは損切りも利食いも置かないで、大引けが過ぎても持ち続ける。市場が引けたら、その日の終値に基づいて損切りと利食い注文を置く。その後、まだ損切りに引っかかっていなければ、仕掛け日の翌日の大引けの前に手仕舞う。毎取引日ごとにトレード候補を見つけることができると想定すれば、パターンデイトレードルールに引っかかることなくデイトレード並みの利益を得ることができる。

　オーバーナイトトレードは普通のデイトレードよりもリスクが大きいことを認識することが重要だ。これはポジションをオーバーナイトするためであり、市場が引けたあと出てくるすべてのニュースの影響を受けるというリスクを背負うことになるからだ。また、ボラティリティが高くなる寄り付き後の最初の数分で逆行するというリスクも背負うことになる。しかし、こうしたリスクがある一方、保有期間が長くなることによって、より大きな利益が得られるというメリットもある。私のオーバーナイトトレード・スキャンは、翌日の寄り付きで、予想どおりの有利な方向にギャップが空ける可能性が最も高い銘柄を探すことを目標とする。

　2002年10月から毎取引日ごとに発行している購読者限定の「トレンドトレードレター」の一環として、私はオーバーナイトトレード・サービスを提供してきた。毎日オーバーナイトトレード・スキャンを行い、その日のお勧め銘柄と私の仕掛け価格、および手仕舞いガイダン

スを購読者にインスタントメッセージで送るのである。オーバーナイトトレードの成功によって、初年はプラス200％の利益を手にすることができた。しかしそれ以降多忙になり、リアルタイムのインスタントメッセージサービスを提供する時間はなくなった。しかし、オーバーナイトトレードはいまだ健在だ。当初から使ってきたスキャンは今も変わらない。この第10章ではこのシステムのすべてを公開する。

オーバーナイトトレード・システムの概要

　オーバーナイトトレードはデイトレードの一種ととらえることが重要だ。デイトレードは流動性がありボラティリティが高く日中に大きな動きをする銘柄でポジションを取り、数分から数時間保有するが、オーバーナイトすることはない。オーバーナイトトレードもデイトレードだが、最後の条件（オーバーナイトしない）だけ取り除かれる。
　オーバーナイトトレードは大引け直前にポジションを建て、オーバーナイトしたあと、翌日のどこかで手仕舞う。つまり、オーバーナイトはするが、保有している時間はわずか数時間である。オーバーナイトトレードは次の４つの時間帯のうちのいずれか、あるいはすべてで大きな動きをする可能性の高い銘柄が対象になる。

●仕掛けた日の午後の取引時間帯
●オーバーナイト（取引時間後および取引時間前の時間帯を含む）
●仕掛けた日の翌日の午前の取引時間帯
●仕掛けた日の翌日の午後の取引時間帯

　オーバーナイトトレードは、仕掛けた日の翌日のどこかの時点で、価格は仕掛け日の終値を上回る（買いの場合）か、終値を下回る（売りの場合）可能性が非常に高いという考えが背景にある。これはほと

んどの銘柄に当てはまる。出来高がゼロでないかぎり、価格は前日の終値を上回るか、終値を下回るかのいずれかだ。したがって、値動きを監視することで、仕掛けた日の翌日に、仕掛けた日の大引けから予想された方向に動く可能性が高い銘柄を選ぶことができる。

　デイトレードと比較すると、オーバーナイトトレードはオーバーナイトギャップをとらえられるというメリットがある。オーバーナイトトレードの銘柄としてははまさにこういう銘柄が選ばれる。つまり、大引け前に仕掛けることで、モメンタムが取引時間後と取引時間前の時間帯でも持続し、翌日大きなギャップが空けて大きな利益になる可能性が高い銘柄が選ばれるということである。注意しなければならないのは、このモメンタムはときとして2日、3日、4日、あるいはそれ以上連続して価格を同じ方向に動かすことがあるということである。このため、長く保有したい人は、目標価格や時間によって手仕舞うことなくトレーリングストップを使えばよい。

　このシステムはバックテストする代わりに、「トレンドトレードレター」からの実際のお金を使ったリアルタイムのトレードから得られた結果を使って収益性を示したいと思う。私は2002年10月から2004年10月までの間におよそ200回のオーバーナイトトレードを行った。この期間のトレードごとの結果はウェブサイトで見ることができる（http://www.Befriendthetrend.com/）。この2年間はVIXが高い時期（2002年）と低い時期（2003年）が含まれているため検証期間としては打ってつけだ。ワイルドで方向感のない相場（2002年10月～2003年3月）、一貫して強気の相場（2003年）、弱気の保ち合い相場（2004年）のすべてが含まれている。しかし、トレード総数が実際の収益性を示すには十分でないため、2004年1月1日から2010年7月15日の間の無作為に選択した120日間にわたって目視によるバックテストを行った。この総トレード数は520回だった。ROI（投資収益率）は純リターンに2を掛けて年次換算した。

第10章　オーバーナイトトレード・システム

表10.1　オーバーナイトトレード・システムのデータ

システム	オーバーナイトトレード・システム
タイプ	プルバック。買いと売り
期間	2日間
バックテスト	無作為に選択した120日。いろいろな銘柄
用いたチャート	日足または5分足のローソク足チャート。14時から引けまで
総トレード数	520回。勝率67％。1トレード当たりの純利益は＋1.59％
利益	2万5000ドル口座で8万5580ドル（年次ROIは＋342％）
損切り（買い）	仕掛け価格から－3％
損切り（売り）	仕掛け価格から＋3％
利食い	損切りにならなければ仕掛けた日の翌日に引成で手仕舞う

　表10.1はオーバーナイトトレード・システムの目視によるバックテストの結果を示したものだ。

　これはポジションをオーバーナイトするシステムなので、1トレード当たりの純利益は最低100ベーシスポイントを目指すが、このシステムはそれ以上の利益をもたらしてくれる。6年のランダムサンプルで年率342％のリターンをもたらすこのシステムは、私のシステムのなかで最も儲けの出るシステムのひとつでもある。スクリーニングを行い、次に示す仕掛けと手仕舞いのルールに沿って生成されるトレードを行うだけだから、実に簡単なシステムでもある。まず、日足チャートを使ってセットアップを探し、次に5分足チャートを使って適切な仕掛けを絞り込む。後者のステップは自由選択だ。時間がない人や各トレードからさらに数セント搾り取ろうという気のない人は日足チャートのみを使えばよい。

オーバーナイトトレード・システムのパラメーター

　このシステムのセットアップは**表10.2**に示したとおりである。
　オーバーナイトトレード・システムは市場が引ける2時間前（14時

表10.2　オーバーナイトトレードのセットアップ

時間枠	日足、5分足
チャートの種類	ローソク足チャート
インディケーター	ストキャスティックス（5）、CCI（20）、ATR（14）
重ね書きするインディケーター	20期間単純移動平均線、50期間単純移動平均線

ごろ）に実行される４つのテクニカルなスクリーニングで構成されている。これらのスクリーニングは日足チャート上でトレンドの反転をとらえることを目的とするものである。したがって、１～２本以内にミクロトレンドの反転をとらえる可能性の高い足のフォーメーションに注目する。４つのスクリーニングのいずれかに引っかかった銘柄はさらなる分析のためにウォッチリストに載せられる。どのスクリーニングにも引っかからなかった銘柄は排除される。残った銘柄に対しては５分足チャートを見ながら仕掛けシグナルを探す。15時30分までに仕掛けシグナルが現れなければ、ポジションは自動的に建てられる。

　４つのオーバーナイトトレード・スクリーニングを構築するためのパラメーターは以下のとおりである。これらをStockCharts.comの「Advanced Screening」ツールにコピーするか、テクニカル分析が可能なほかのスクリーニングツールに組み込む。買いのためのスクリーニングは２つで、売りのためのスクリーニングも２つである。市場状態にかかわらずオーバーナイトトレード・システムを稼働する日ごとにこれら４つのスクリーニングすべてを実行することをお勧めする。スクリーニングは現在の市場状態に反応するため、市場状態が強気の場合は買いのほうが多く、市場状態が弱気の場合は売りのほうが多くなる傾向がある。

　スクリーニングツールは「End-of-Day」モードではなく、「Intraday」

図10.1　StockCharts.comの「Last Intraday Update」の設定

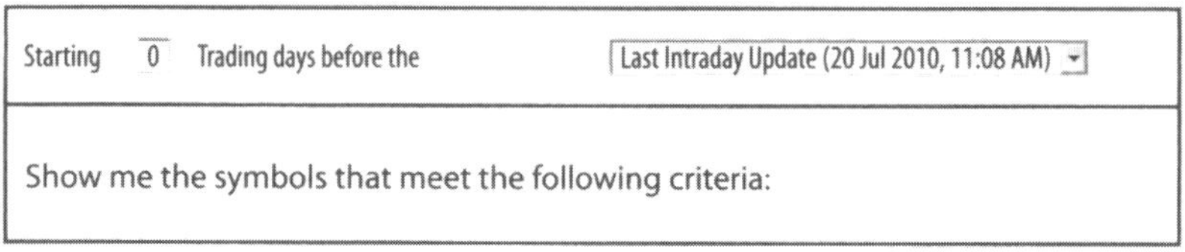

```
Starting  0  Trading days before the        Last Intraday Update (20 Jul 2010, 11:08 AM)

Show me the symbols that meet the following criteria:
```

モードに設定する。あなたのお使いのスクリーニングツールにこの機能がない場合、そのスクリーニングツールはオーバーナイトトレード・システムでは使えない。StockCharts.com を使っているのであれば、スクリーニングが「Last Market Close」ではなく「Last Intraday Update」に設定されていることを確認しよう。後者は前日の引けにパスした銘柄だけを返してくる。スクリーニングするのは14時にパスする銘柄だ。この機能は高度なスクリーニングでは一番上にある。**図10.1**はこれを示したものだ（時間は11:08a.m.ではなく、2:00p.m.に設定される）。

それではオーバーナイトトレード・システムをトレードするための手順を見てみよう。

オーバーナイトトレード・システムの買い

【ステップ１】　14時に「Last Intraday Update」に設定した２つの強気のスクリーニングを実行する。

a．Bullish Hammer（強気のハンマー）スクリーニング
　　[daily sma(20,daily volume) > 100000] and
　　[Hammer is true] and [Close >= sma(50)] and
　　[Low <= sma(50)] and [Slow Stoch %K(5,3) <

30.0] and [Close > 5]

b．Bullish Engulfing（強気の包み足）スクリーニング
   [daily sma(20,daily volume) > 100000] and
   [Bullish Engulfing is true] and [Close < sma(20)] and
   [Slow Stoch %K(5,3) < 30.0] and
   [Close > 5] and
   [yesterday's volume > daily sma(12, daily volume)]

　【ステップ2】　どちらかのスクリーニングを5銘柄以上パスしたら、次の高ボラティリティパラメーターをスクリーニングに追加して、再び実行する。

   [Max(260, close) > Min(260, close) * 2]

　【ステップ3】　さらに5銘柄以上がこれをパスしたら、パスする銘柄が5以下になるまでボラティリティ乗数を増やすか、出来高の値を増やす。

　【ステップ4】　パスした銘柄（最大で10）をStockCharts.comのウオッチリスト（日足チャート）に入れ、次の状態のいずれかを満たすチャートを削除する。

a．今日の値幅（高値－安値）が［1.5×今日のATR（14）］を上回る。
b．今日の終値が過去5日間以内に発生したATRの半分よりも大きなギャップの位置を下回る。

　【ステップ5（第1の選択肢）】　残っている銘柄の5分足チャート

を準備し、次の2つの仕掛けシグナルのいずれかを探す。15時30分までにシグナルが発生しなければ、ポジションを建てる。

a．5分足でのストキャスティックス％K（5）が25を下回ったあとの最初の陽線。
b．5分足でのCCI（20）が－100を下回ったあとの最初の陽線。

【ステップ5（第2の選択肢）】 14時30分にポジションを建てる。

【ステップ6】 ポジションを大引けまで保有したら、キャンセルするまで有効なトレーリングストップを仕掛けから3％下か、引けから3％下のいずれか高いほうに置く。

【ステップ7】 損切りに引っかからなければ仕掛けた日の翌日の大引けでポジションを手仕舞う。

オーバーナイトトレード・システムの売り

【ステップ1】 14時に「Last Intraday Update」に設定した次の2つの弱気のスクリーニングを実行する。

a．Dark Cloud Cover（被せ足）スクリーニング
　　[type = stock] and [daily sma(20, daily volume)
　　 > 100000] and [Dark Cloud Cover is true] and
　　[Close > sma(20)] and [Slow Stoch %K(5,3) > 70.0] and
　　[Close > 5] and [yesterday's volume
　　 > daily sma(12,daily volume)]

b．Bearish Engulfing（弱気の包み足）スクリーニング
　[type = stock] and [daily sma(20, daily volume)
　　> 100000] and [Bearish Engulfing is true] and
　[Close > sma(20)] and [Slow Stoch %K(5,3) > 70.0] and
　[Close > 5] and [yesterday's volume
　　> daily sma(12,daily volume)]

　【ステップ2】　5つを上回る銘柄がどちらかのスクリーニングをパスしたら、次の高ボラティリティパラメーターをスクリーニングに追加して、再び実行する。

　[Max(260, close) > Min(260, close) * 2]

　【ステップ3】　5つを上回る銘柄がさらにこれをパスしたら、パスする銘柄が5つ以下になるまでボラティリティ乗数を増やすか、出来高の値を増やす。

　【ステップ4】　パスした銘柄（最大で10）をStockCharts.comのウオッチリスト（日足チャート）に入れ、次の状態のいずれかを満たすチャートを削除する。

a．今日の値幅（高値－安値）が［1.5×今日のATR（14）］を上回る。
b．今日の終値が過去5日間以内に発生したATRの半分よりも大きなギャップの位置を上回る。

　【ステップ5（第1の選択肢）】　残っている銘柄の5分足チャートを準備し、次の2つの仕掛けシグナルのいずれかを探す。15時30分までにシグナルが発生しなければ、ポジションを建てる。

a．5分足でのストキャスティックス％K（5）が25を上回ったあとの最初の陰線。
b．5分足でのCCI（20）が100を上回ったあとの最初の陰線。

【ステップ5（第2の選択肢）】　14時30分にポジションを建てる。

【ステップ6】　ポジションを大引けまで保有したら、キャンセルするまで有効なトレーリングストップを仕掛けから3％上、引けから3％上のいずれか低いほうに入れる。

【ステップ7】　損切りに引っかからなければ仕掛けた日の翌日の大引けでポジションを手仕舞う。

前の4つのローソク足フォーメーションは「翌日」の反転パターンとして最も信頼の置けるものである。これらのフォーメーションを知らない人は**図10.2**から**図10.5**（http://www.OnlineTradingConcepts.com/から転載）を参照してもらいたい。

これは滅多にないが、ときには4つのスクリーニングが銘柄をまったく返してこないこともある。返してくる銘柄が最も少ないのはハンマーのスクリーニングだ。なぜならハンマーのスクリーニングをパスするには、現在の足が50期間単純移動平均線をまたがなければならず、市場がトレンドモードにあるときこのようになるチャートは少ないからである。逆に返してくる銘柄が最も多いのは包み足（強気・弱気の両方）である。スクリーニングをパスする銘柄がないということは、市場が狭いレンジ相場にあり、出来高が少ないということである。私のミクロトレンドシステムのすべてに言えることだが、オーバーナイトトレード・システムもボラティリティが高いときに最もよく機能す

第3部　マルチデイ・ミクロトレンドシステム

図10.2　強気の包み足パターン

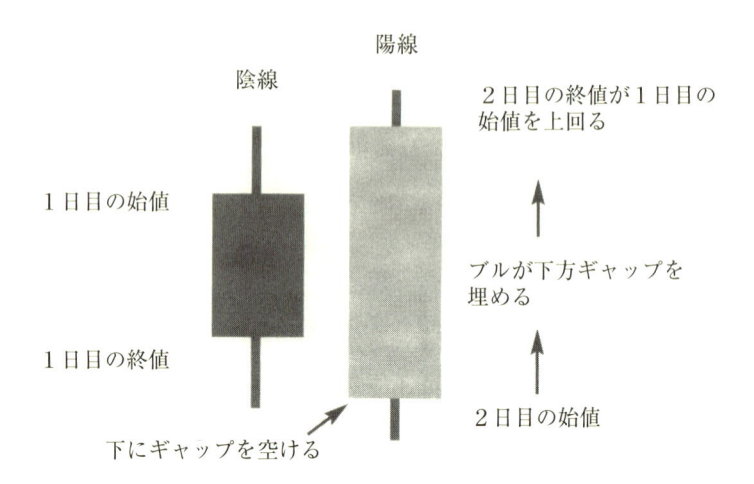

陰線
陽線
1日目の始値
1日目の終値
2日目の終値が1日目の始値を上回る
ブルが下方ギャップを埋める
2日目の始値
下にギャップを空ける

www.OnlineTradingConcepts.com—All Rights Reserved.

図10.3　ハンマーパターン

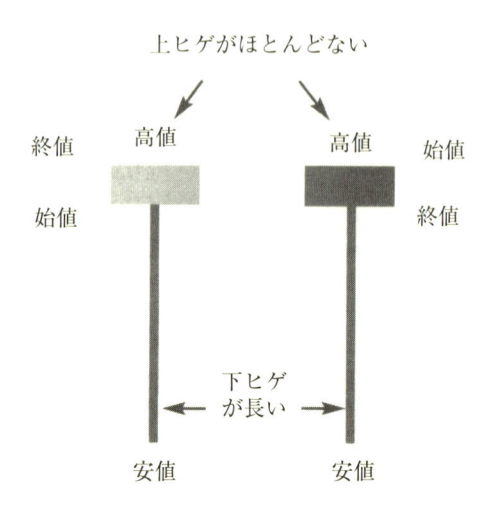

上ヒゲがほとんどない
終値　高値　　　高値　始値
始値　　　　　　　　　終値
下ヒゲが長い
安値　　　　　　　　　安値

www.OnlineTradingConcepts.com—All Rights Reserved.

第10章 オーバーナイトトレード・システム

図10.4 弱気の包み足パターン

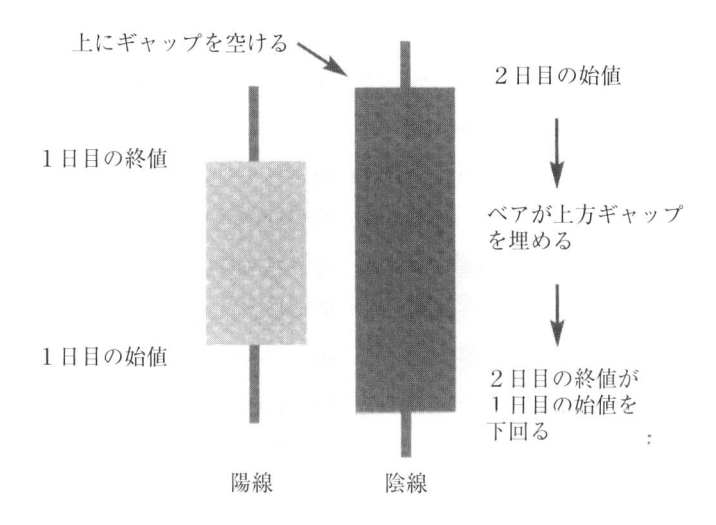

上にギャップを空ける
１日目の終値
１日目の始値
２日目の始値
ベアが上方ギャップを埋める
２日目の終値が１日目の始値を下回る
陽線　陰線

www.OnlineTradingConcepts.com—All Rights Reserved.

図10.5 被せ足パターン

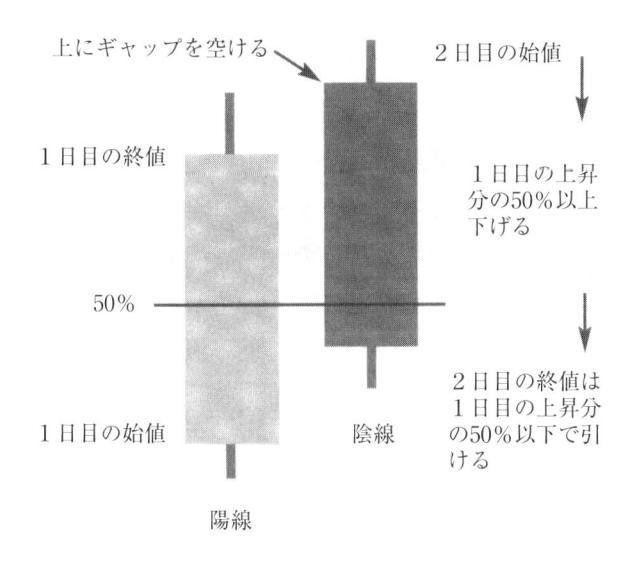

上にギャップを空ける
１日目の終値
50%
１日目の始値
２日目の始値
１日目の上昇分の50％以上下げる
２日目の終値は１日目の上昇分の50％以下で引ける
陽線　陰線

www.OnlineTradingConcepts.com—All Rights Reserved.

る。

　大引け前の１時間やオーバーナイトで方向を変えるような予期しないことが起こらないかぎり、オーバーナイトトレードのポジションは仕掛け日の翌日に利益を出して手仕舞いできるはずである。この利益をとらえる最も簡単な方法は、前に述べたように損切りや引成で手仕舞いすることである。しかし、デイトレーダーたちは損切りや引成で手仕舞いせずに、日中のオーダーフローを見る傾向がある。このような人は、レベル２やタイム・アンド・セールスなどのテープリーディングツールを使って反転時のモメンタムの流れをつかむとよいだろう。

オーバーナイトトレード・システムの実例

　それでは４つのスクリーニングの実例を見てみることにしよう。最初のチャート（**図10.6**）はハンマー足のセットアップを示している。ハンマーの安値は50期間単純移動平均線を下回っているが、引けではそれを上回り完璧なまたぎパターンを示していることに注意しよう。ハンマーのセットアップでは出来高は不要だ。なぜなら、こうした足は珍しく、それ自体最も信頼のおける反転フォーメーションを示しているからだ。2010年７月７日に10.30で仕掛け、翌日に10.97で引成で手仕舞って、手数料差し引き後で100株当たり65ドルの純利益を手にした。

　図10.7はエムデオン（EM）の強気の包み足のセットアップを示している。このフォーメーションでは、仕掛け日の前日の出来高が平均を上回る必要がある。仕掛け日の前日に大きく売られ、そのため出来高が多くなり、仕掛け日には売りを一掃する強力な切り替えしのエネルギーがわき出た。2010年７月12日にはこの５分足チャートでは仕掛けシグナルは出なかったので、15時30分に12.50で仕掛ける。翌日、株価は強気モードになり、引成で13.08で手仕舞って、手数料差し引

第10章　オーバーナイトトレード・システム

図10.6　ドールのオーバーナイトトレードのハンマーセットアップ（2010/7）

（図中の吹き出し）
- ハンマーセットアップでは出来高を確認する必要はない
- 50SMAを上回り、ストキャスティックスが低い完璧なハンマーセットアップ

き後で100株当たり56ドルの純利益となった。

　図10.8はキュービック・コーポレーション（CUB）のチャートだ。ローソク足フォーメーションとストキャスティックス（＞75。買われ過ぎ）を満たす弱気の包み足のセットアップが2つ発生しているのが分かる。しかし、最初のセットアップは仕掛け日の前日の出来高が、出来高の12期間単純移動平均線を下回っていたのでスクリーニングはパスしなかった。しかし、2番目のセットアップはスクリーニングをパスし、14時40分に売りシグナルを出してきたので38.61で仕掛ける。翌日の引けで37.03で手仕舞って、100株当たり156ドルの純利益となった。

図10.7 エムデオンのオーバーナイトトレードの強気の包み足のセットアップ（2010/7）

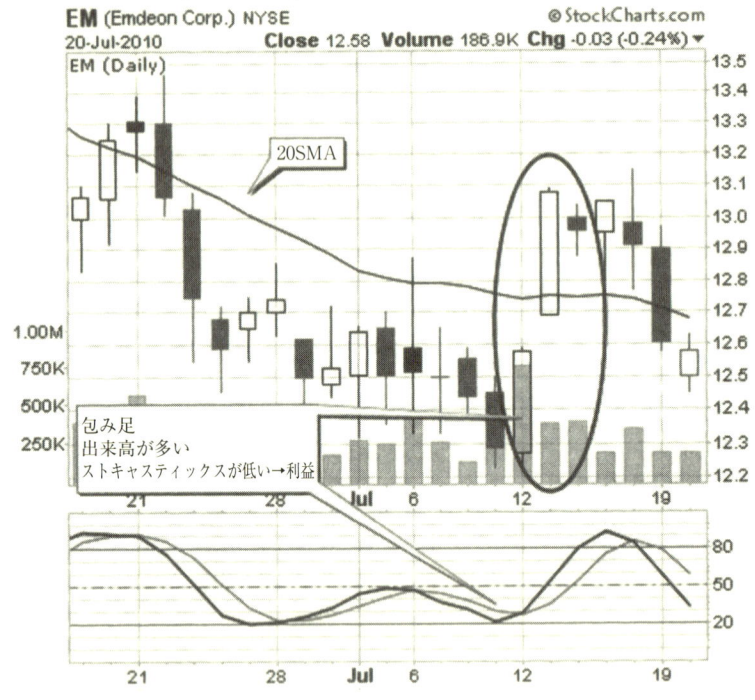

Chart courtesy of StockCharts.com.

被せ足は安値と高値が前日の安値と高値よりも高い陰線である。2010年7月2日（**図10.9**）、インシチュフォーム・テクノロジーズ（INSU）はローソク足のフォーメーションを満たし、価格が20期間単純移動平均線を上回り、ストキャスティクスは買われ過ぎを示し、前日の出来高が平均を上回ったため、被せ足のセットアップが発生した。5分足チャートで仕掛けシグナルが出たので、22.22で仕掛け、引成で21.27で手仕舞い、100株当たり93ドルの純利益となった。

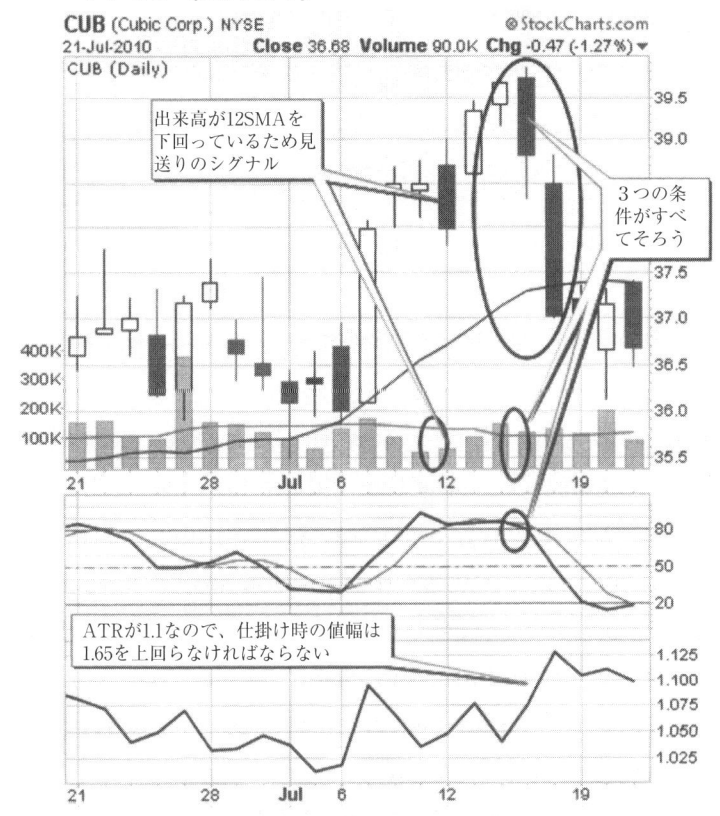

図10.8 キュービックのオーバーナイトトレードの弱気の包み足のセットアップ（2010/7）

図10.9　インシチュフォーム・テクノロジーズのオーバーナイトトレードの被せ足のセットアップ（2010/7）

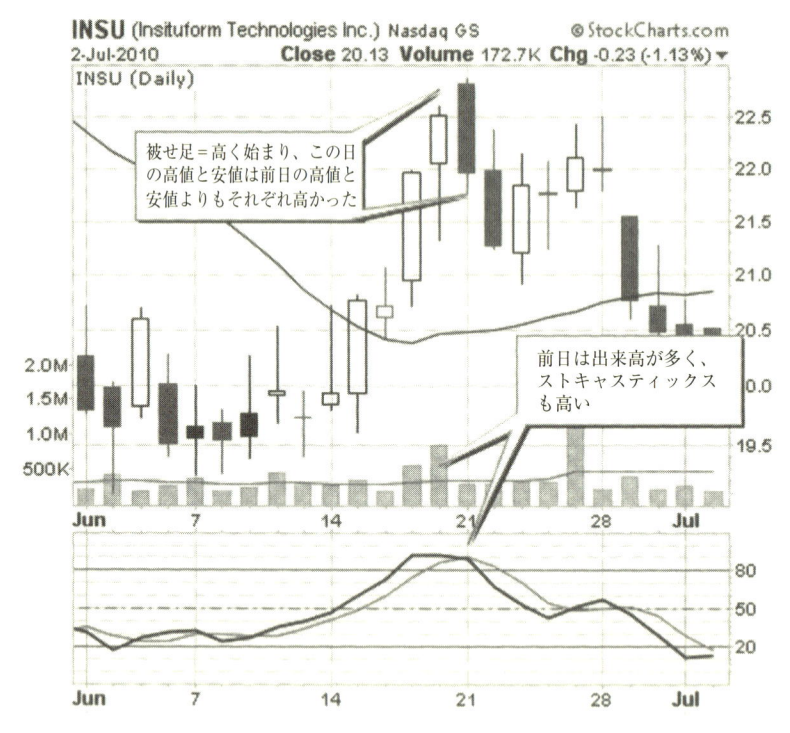

被せ足＝高く始まり、この日の高値と安値は前日の高値と安値よりもそれぞれ高かった

前日は出来高が多く、ストキャスティックスも高い

Chart courtesy of StockCharts.com.

第11章
スナップバック・ボリンジャーバンド・システム
The Snap-Back BBand System

　次のマルチデイ・ミクロトレンドシステムは最も安定し（勝率70.9％）、最も儲かる（年率ROI［投資収益率］は＋527％）マルチデイシステムだ。これは最も力を入れたシステムでもある。スナップバック・ボリンジャーバンド・システムはその名が示すとおり、ボリンジャーバンドというトレードツールを使う。ボリンジャーバンド（略してBバンド）はマーケットアナリストでテクニカルトレーダーのジョン・ボリンジャーが開発したテクニカル指標である。価格ボラティリティのダイナミックな性質を数値化する方法を模索していたボリンジャーは、トレーダーが価格の動きを読み解くのに簡単に使える方法を開発した。これがボリンジャーバンドだ。

　ボリンジャーバンドは２本の価格バンドからなる。中心となる移動平均線から上と下に同じ標準偏差分だけ離れた上のバンドと下のバンドである。ボリンジャーバンドの初期設定は20期間単純移動平均線と、移動平均線から２標準偏差だけ上と下に離れたバンドである。現在価格を取り囲むように配置されたこれらのバンドが価格が動く値幅を表す。上と下のボリンジャーバンドは特定のルックバック期間にわたる過去の値動きの標準偏差を表すため、ボリンジャーバンドが広いときは価格のボラティリティが高かったことが分かり、今後もそれが継続する傾向が高い。また、ボリンジャーバンドが狭いときは価格は狭い

レンジで推移してきたことが分かり、それが継続する傾向が高い。

スナップバック・ボリンジャーバンド・システムの概要

　ミクロトレンドトレーダーたちがボリンジャーバンドに関心を示すのは、価格が上か下のバンドに到達しそれを上抜いたり下抜いたりするときだけである。価格が上のバンドを上回るには、一定のルックバック期間にわたって動きが前のすべての値動きの80％を上回らなければならない。これは買われ過ぎを意味し、価格は平均（20期間単純移動平均線）に戻ることが予想される。価格が下のバンドを下回っているときは売られ過ぎと考えられ、急上昇する可能性が高い。スナップバック・ボリンジャーバンド・システムはこの機能を利用したものである。

　数年前、ヘッジファンドマネジャーのジェームズ・アルタッチャーはナスダック100に対してボリンジャーバンドを使って5年にわたる（1998年～2003年）バックテストを行った。アルタッチャーが検証したのは簡単な買いのみのボリンジャーバンドシステムだ。このシステムは、ナスダック100の銘柄が下のバンドに到達するか下抜いたらすぐに買って、20期間単純移動平均線に戻るまで保有するというものだ。**表11.1**はアルタッチャーの検証結果を示したものだ（ジェームズ・アルタッチャー著『**ヘッジファンドの売買技術**』［パンローリング］を参照）。

　アルタッチャーのシステムは簡単ではない。下げ相場では70以上の銘柄が下のバンドに同時に達し、上げ相場でも同じ数の銘柄が上のバンドに同時に達する。しかしこの結果は、価格が動く値幅の境界を示すボリンジャーバンドの威力を十分に示すものである。価格がこれらの境界に達すると、価格の行きすぎを正すためにすぐに平均（20期間

表11.1 アルタッチャーのナスダック100に対する5年にわたるボリンジャーバンドシステムの検証結果

全トレード数	3352回
1トレード当たりの平均利益	1.96%
保有した平均足数	9.4足
勝ちトレード数	2428回
負けトレード数	924回
勝率	72.4%
1回5000ドルで仕掛けた場合の利益	32万1792ドル

単純移動平均線）に回帰しようとする傾向がある。これは繰り返し観察された現象だ。したがって、このシステムにちょっと手を加えることで大きな利益を狙えるシステムに改良することができる。

ほとんどの値動きはバンドの範囲内で発生するため、価格がバンドを下回ったり上回ったりすると、それは当然ながら注目される。私のスナップバック・ボリンジャーバンド・システムはまさにそこ――バンドを外れた値動き――に焦点を当てたものである。バンドを一定のパーセント超えて動く極端な動きに注目するわけである。なぜなら、バンドを超えた極端な動きはすぐに平均へと回帰する「スナップバック」現象を起こすからである。

ボリンジャーもバンドを超える動きの力は認識していた。それで彼は％Ｂと呼ばれる二次的なインディケーターを開発した。％Ｂの公式はチャート分析家のジョージ・レーンがストキャスティックスの計算に使ったのと同じ形式である。

％Ｂ＝（終値－下のバンド）÷（上のバンド－下のバンド）

％Ｂは現在価格の上のバンドと下のバンドに対する相対位置を教え

てくれるものだ。価格が下のバンドの位置にあるとき％Ｂはゼロで、価格が移動平均線上にあるとき％Ｂは50である。価格が上のバンドに達すると、％Ｂは上昇して100になる。０と100の間の値を取るストキャスティックスと違うのは、％Ｂは負数も取り得るし、100を超えることもあることである。％Ｂの負数の値が大きくなるほど、価格は下のバンドを大きく下回る。また％Ｂが100を超える度合いが増すと、価格は上のバンドを大きく上回る。スナップバック・ボリンジャーバンド・システムはこうした％Ｂの極端な値に注目するわけである。仕掛けシグナルが出るのは、％Ｂが110を上回る（売り）か、－10を下回る（買い）のときである。

　こうした動きに対するエクスポージャーを最大化するために、バンドの幅を初期設定から狭め、システムにパスする銘柄の数を増やしていく。バンドの幅を狭めることで上昇するリスクを補うために、移動平均線への回帰を待たずにバンド内での最初の大引けで手仕舞う。さらに、どのトレードでもトレーリングストップとタイムストップを使う。

　このシステムの成果は絶大だ。ボラティリティの高い市場では、１～５日間の値動きを30～40％の確率で見つけることができる。ボラティリティが低い場合、数日あるいは数週間たってもただの１銘柄もスクリーニングをパスしないことがあるが、すべての市場状態を平均すると１日におよそ３つのトレード候補がスクリーニングをパスするため、ほとんどの日で候補が見つかる。

　私がスナップバック・ボリンジャーバンド・システムを初めてバックテストしたのは、2009年３月にオンライン・ミクロトレンド・トレードセミナーを行う前である。そのとき以来、このシステムで多くのトレードを行い、ルールやパラメーターを改良してきた。改良後、2009年７月１日から2010年７月１日までの１年間にわたってバックテストを再び行った。トレード候補が現れない日もあったが、何十とい

表11.2 スナップバック・ボリンジャーバンド・システムのデータ

システム	スナップバック・ボリンジャーバンド・システム
タイプ	プルバック。買いと売り
期間	2～5日
バックテスト	2009/7から2010/7までの260トレード日。さまざまな銘柄
用いたチャート	日足チャートとボリンジャーバンド
総トレード数	882回。勝率70.9％。1トレード当たりの純利益は＋4.78％
利益	4万ドル口座で21万798ドル（年次ROIは＋527％）
損切り（買い）	仕掛け価格から－10％。トレーリングストップ
損切り（売り）	仕掛け価格から＋10％。トレーリングストップ
利食い	いろいろ（以下を参照）

うトレード候補が現れた日もあった。5つ以上の銘柄がスクリーニングをパスした日、％Bの数字を上げて、価格が安く出来高の多い銘柄を5つ選んだ。ポジションのいくつかは最長で5日間保有した。フル投資にできるだけ近づけたかったので、4万ドルの仮想口座を8つの5000ドル口座に分けた。10個を上回るポジションは同時に建てず、必要に応じて1万ドルの証拠金を使った（バックテストで証拠金が必要だったのは4日のみ）。

このシステムでは取引日の間中、定期的にスクリーニングを実行する。リアルタイムのボラティリティをとらえることを目的とするセットアップの性質上、10時30分にスクリーニングをパスしたチャートは11時には同じスクリーニング上には現れない場合もある。バックテストは当然ながら大引けのあとで行われる。したがって、バックテストでは現れたチャートがリアルタイムのトレードで現れない場合が多々

ある。したがって、このあと示す結果は極端に理想化された結果である。

　表11.2はこのシステムを1年間の検証期間で目視によるバックテストした結果を示したものだ。

スナップバック・ボリンジャーバンド・システムのパラメーター

　ボリンジャーバンドの設定は、10期間単純移動平均線と、平均線から1.5標準偏差離れた上と下のバンドである。％Ｂは10％に設定する。つまり、下のバンドには0.90を掛け、上のバンドには1.10を掛ければよい。スクリーニング（1つは買い用、もう1つは売り用）を設定したら、寄り付きから1時間経過した時点から30分おきに実行し、フル投資になるまでスクリーニングをパスしたトレードを行う。前にも言ったように、1日中スクリーニングを実行してもパスする銘柄がまったく現れない日もあるし、手に余るほどの銘柄がパスする日もある。銘柄がまったくパスしない日はイライラするが経済的ダメージはなく、手に余るほどの銘柄がパスする日は注意しなければ口座にとって大きなダメージになることもある。したがって、パスする銘柄が多すぎるときは、確実に反転するような銘柄だけに絞る必要がある。

　このシステムのチャートのセットアップは**表11.3**に示したとおりである。

　スナップバック・ボリンジャーバンド・システムのトレード候補を見つけてトレードする手順は以下のとおりである。

【ステップ1】　10時30分に、「Last Intraday Update」に設定された次の2つのスクリーニングを実行する。

表11.3 スナップバック・ボリンジャーバンド・システムのセットアップ

時間枠	日足
チャートの種類	ローソク足チャート、バーチャート、または折れ線グラフ
インディケーター	ボリンジャーバンド（10,1.5）
重ね書きするインディケーター	なし

a．強気のスクリーニング

[type = stock] and [daily sma(20, daily volume)
> 200000] and [daily sma(60, daily close) > 2] and
[daily close <= daily lower bb(10, 1.5,
daily close) * 0.9] and [daily open > daily
lower bb(10, 1.5, daily close) * 0.9]

b．弱気のスクリーニング

[type = stock] and [daily sma(20, daily volume)
> 200000] and [daily sma(60, daily close) > 5] and
[daily close >= daily upper bb(10, 1.5,
daily close) * 1.1] and [daily open < daily
upper bb(10, 1.5, daily close) * 1.1]

スクリーニングが返してくる銘柄が5つを超えたら、ステップ2に進む。スクリーニングが返してくる銘柄が1～5つの場合はステップ3に進む。スクリーニングが返してくる銘柄がゼロの場合、30分待ってから再び実行する。

【ステップ2】　いずれかのスクリーニングをパスする銘柄が5つ

を上回った場合、％Bを買いの場合は0.85に引き下げ、売りの場合は1.15に引き上げる。それでもスクリーニングをパスする銘柄が5つを上回る場合は、価格が安く出来高が高い銘柄を5つ選ぶ。

【ステップ3】 スクリーニングのあとできるだけ早く現在価格で買いか売りのポジションを建てる。

【ステップ4】 各ポジションに対して、最初の日の大引けで、キャンセルするまで有効な10％のトレーリングストップ（売りの場合は仕掛け価格を上回り、買いの場合は仕掛け価格を下回る）を入れる。

【ステップ5】 次のうち一番早く発生するものでポジションを手仕舞う。

a．損切りで
b．ボリンジャーバンド内の最初に利益の出た引けで
c．仕掛けから4日後の引けで

ステップ4では、新しいポジションに対しては最初の日の大引けまでは損切りは置かないことに注意しよう。シグナルが出る日は荒れた日になることが多く、極端なピボットポイントに達する前にあなたの仕掛け価格から大きく逆行することもある。これはリスクについて2つの重要なことを意味する。ひとつは、仕掛け日はリスクが高いということである。なぜなら、株価は夜間に落ち着くまでは必ずしも元に戻るとは限らず、それに対して損切りは置かないからである。そしてもうひとつは、翌日上げて寄り付かなければ、寄り付きで損切りに達するために10％以上の損失を覚悟しなければならないということである。私のバックテスト期間中に観察された最大損失はおよそ30％であ

図11.1　ウエアーハウザーの2つのスナップバック・ボリンジャーバンド・トレード

仕掛け価格（売り）　15.02
手仕舞い価格　　　　14.69
利益　　　　　　　＋2.2％

仕掛け価格（買い）　15.72
手仕舞い価格　　　　17.47
利益　　　　　　　＋11.1％

Chart courtesy of StockCharts.com.

った。したがって、スナップバック・ボリンジャーバンド・システムで新しいポジションを建てるときはポジションサイズに注意しなければならない。2日間のトレードで最大でプラス75％を超える利益を得られたことを考えると、利益がリスクを大きく上回ることは確かである。

スナップバック・ボリンジャーバンド・システムの実例

　スナップバック・ボリンジャーバンド・システムが最もうまくいくのは大型株とS&P500の構成銘柄である。これらの銘柄はボラティリティが極端に上昇することはほとんどないため、極端に上昇するときには、行きすぎて反転が近いとみなされることが多い。図11.1を見ると、比較的退屈で、ベータの低い銘柄であるウエアーハウザー（WY）

図11.2 ソニック・ソリューションの３つのスナップバック・ボリンジャーバンド・トレード

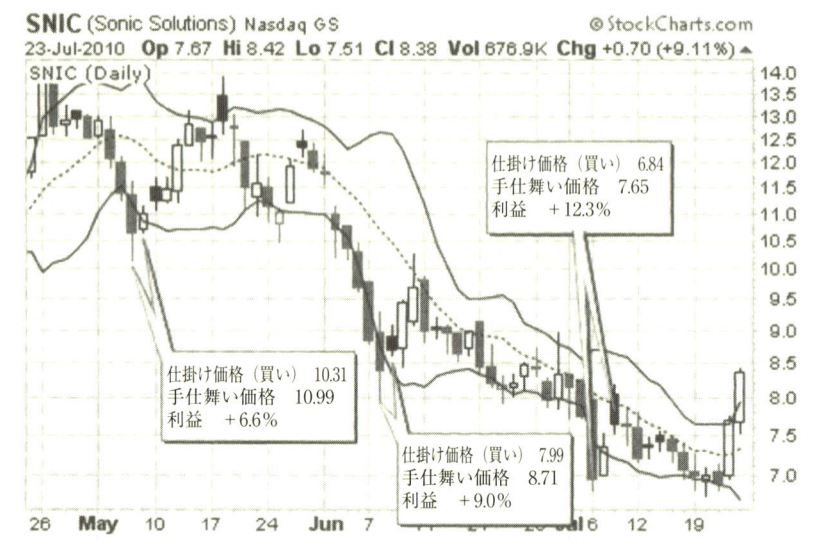

```
SNIC (Sonic Solutions) Nasdaq GS                    © StockCharts.com
23-Jul-2010  Op 7.67  Hi 8.42  Lo 7.51  Cl 8.38  Vol 676.9K  Chg +0.70 (+9.11%) ▲
```

仕掛け価格（買い）　6.84
手仕舞い価格　　　　7.65
利益　　　　＋12.3％

仕掛け価格（買い）　10.31
手仕舞い価格　　　　10.99
利益　　　　＋6.6％

仕掛け価格（買い）　7.99
手仕舞い価格　　　　8.71
利益　　　　＋9.0％

Chart courtesy of StockCharts.com.

で利益につながるスナップバックが２つ見られる。最初の買いシグナルは、コンピューターの誤作動でとてつもない数の売りが行われた、いわゆる「フラッシュクラッシュ」の日に出たものである。この日はS&P500の構成銘柄のほとんどと、指数そのものでもスナップバックの買いシグナルが出た。

　ソニック・ソリューション（SNIC）はボラティリティの高い銘柄で、私の高ベータ銘柄のウオッチリストの常連だ。**図11.2**のチャートを見ると分かるように、SNICは下降トレンドにありながら、３カ月の間に利益の出るスナップバック・ボリンジャーバンドのセットアップが３回、すべて買いの方向で発生している。株価は４月の14ドル近くから７月には７ドルを下回るまでほぼ半分に下落したが、３つのトレードを合わせて27％を超える利益になった。

　プロロジス・トラスト（PLD）はベータが高い（３を上回る）S&P500の珍しい構成銘柄の１つで、スナップバックのトレードのな

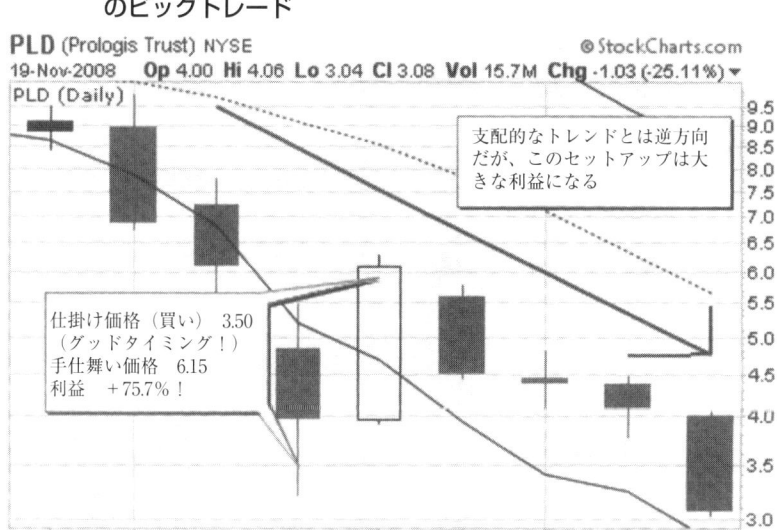

図11.3 プロロジス・トラストのスナップバック・ボリンジャーバンドのビッグトレード

図中注記：
- 支配的なトレンドとは逆方向だが、このセットアップは大きな利益になる
- 仕掛け価格（買い）　3.50（グッドタイミング！）
- 手仕舞い価格　6.15
- 利益　＋75.7％！

Chart courtesy of StockCharts.com.

かではこれまでに最もリターンが良かった（2008年11月12～13日の2日間でプラス75.7％のリターン）。2008年11月12日の午後にスクリーニングを実行したところ、ほかの多くの銘柄とともに現れたのがPLDだった。現れた銘柄のなかで最も価格が安く、最も出来高が多かったので、現在価格の3.50ドルで買った。PLDはその日の早くに4.50ドルで％Ｂ（10）に達したので、これは絶妙のタイミングだった。そして、翌日の引けに6.15ドルで売った。何とも素晴らしいトレードだった（**図11.3**を参照）。

　このトレードはほんの端緒にすぎなかった。これ以降もスナップバックの素晴らしいセットアップが次々と現れたのだ。PLDは大型株ファンドやインデックスファンドが保有する卓越する銘柄なので、日中に売られても、安く買いあさるビッグマネーの買い手がすぐに現れる。これがこのシステムに絶好の機会を与えてくれるのだ。**図11.4**のチャートを見ると、およそ2カ月の間に6つの買いシグナルが出て

図11.4　プロロジス・トラストの６つのスナップバック・ボリンジャーバンドのセットアップ

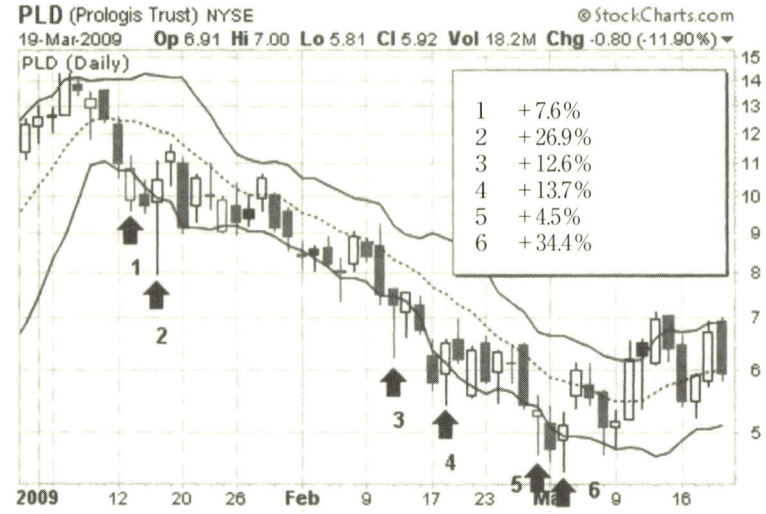

```
1   +7.6%
2   +26.9%
3   +12.6%
4   +13.7%
5   +4.5%
6   +34.4%
```

Chart courtesy of StockCharts.com.

いる。株価は65％も下落しているにもかかわらず、トータルでプラス100％の純利益となった。

　スナップバック・ボリンジャーバンド・システムでは売りシグナルはあまり出ない。売りも利益には加担するが、買いほどうまくいかない傾向がある。強い上昇トレンドでは、買いのセットアップだけに注目しようとすれば、何週間もトレードできないことがある。したがって、毎日、買いと売り両方のスクリーニングを実行することをお勧めする。売りのスクリーニングは最低価格として１株当たり５ドルに設定している。なぜなら、５ドルを下回るような価格の銘柄のほとんどは売りには適さないからである。

　図11.5を見てみよう。ワバッシュ・ナショナル（WNC）で売りのスナップバック・シグナルが３つ出ている。最初のトレードは損切りに引っかかったために10％の損失になったが、あとの２つは合わせて17％のリターンで、純利益はプラス７％だった。これは同じ期間にお

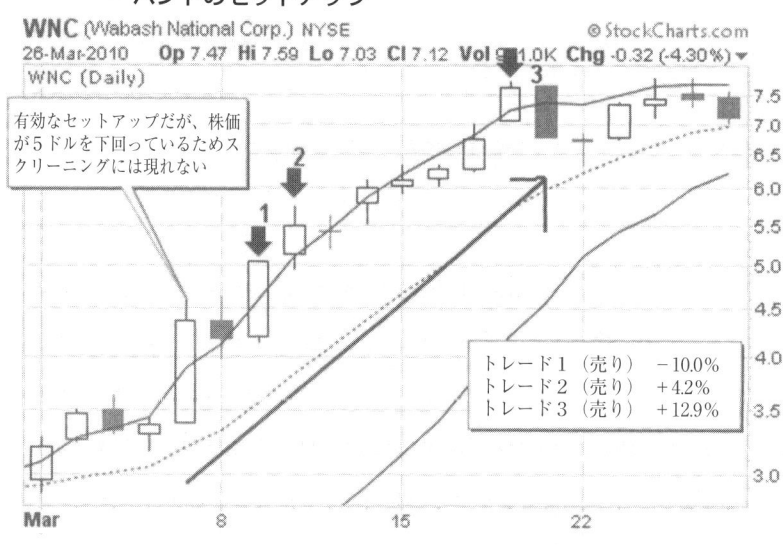

図11.5 ワバッシュ・ナショナルの3つのスナップバック・ボリンジャーバンドのセットアップ

有効なセットアップだが、株価が5ドルを下回っているためスクリーニングには現れない

トレード1（売り）　－10.0％
トレード2（売り）　＋4.2％
トレード3（売り）　＋12.9％

けるバイ・アンド・ホールド戦略ほど利益にはならなかったが、上昇トレンドにおける売りトレードであったという事実を考えれば、利益の出る反転をとらえるこのシステムの威力が分かるはずだ。

　この章を締めくくるに当たって、スナップバック・ボリンジャーバンド・システムで避けたいセットアップを紹介しよう。私のスクリーニングはニュースで上にギャップを空けたり、下にギャップを空けたりする銘柄は選ばれないように設定している。しかしときには、寄り付きでのギャップが上の％Ｂ（10）を上回ったり（売りの場合）、下の％Ｂ（10）を下回ったり（買いの場合）する銘柄が紛れ込むことがある。寄り付きでのギャップがこれに近い場合でも、その銘柄は排除するほうがよい。このような場合、ギャップは買収、スピンオフ、売り抜けといったアナリストにその企業の株価を再評価させるようなニュースによって発生するからだ。こうした再評価ギャップは5日以内には埋まらないことが多い。そして再評価された時価総額によって支

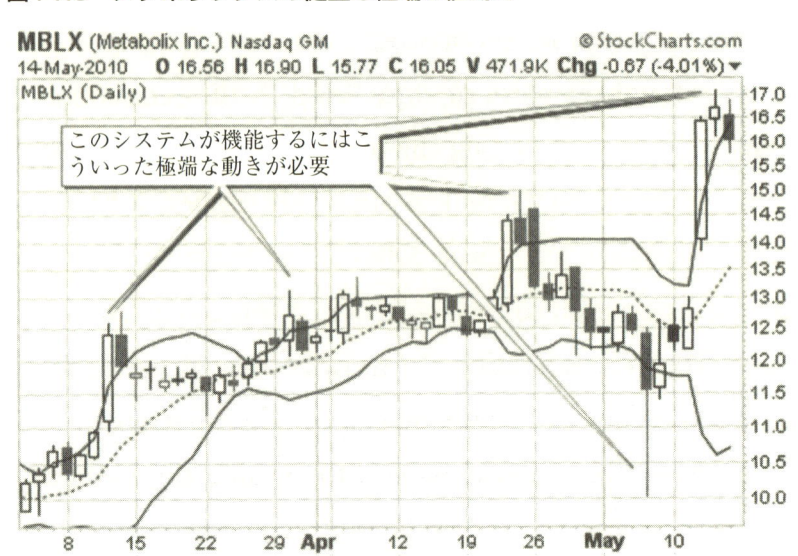

図11.6 メタボリックスの健全な極端な値動き

[チャート内の注釈: このシステムが機能するにはこういった極端な動きが必要]

持線や抵抗線が形成され、このシステムが求める平均への回帰の動きを妨げるのである。

　われわれの求める典型的な値動きを示したものが、メタボリックス（MBLX）のチャートだ（**図11.6**）。上や下のボリンジャーバンドを突き抜ける極端な値動きはほとんどの場合は前の値動きと関係があり、±％B（10）を上回るギャップはまったくない。このチャートに見られるようなボリンジャーバンドを超える極端な値動きは浜に打ち上げられる波に似ている。これに先行して現れるのが買い手と売り手の対立によって引き起こされるモメンタムの上昇だ。海でも時折異常に大きな波が発生するように、買いと売りによって異常に大きな値動きが発生する。こういった動きを見つけてこのミクロトレンドシステムに利用するのである。

　図11.7は極端な値動きではあるが、望ましくないものだ。2010年5月24日、市場が開く前、オデッセイ・ヘルスケア（ODSY）はジェ

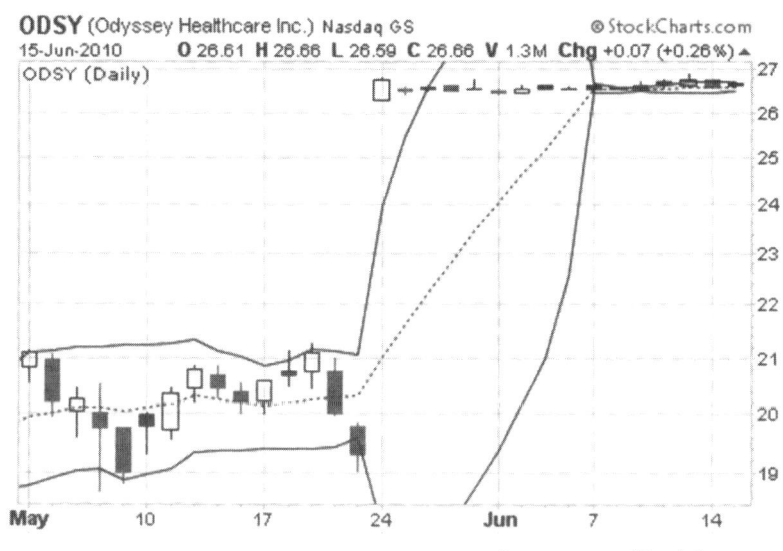

図11.7　オデッセイ・ヘルスケアの値動きは極端だが不健全

ンティバ・ヘルス・サービスから10億ドルを超える価格での買収の申し入れを受け入れることを発表した。これを受けて、オデッセイの株価は寄り付きからおよそ40％も急騰した。スクリーニングパラメーターに反して、この銘柄は売りのスクリーニングに現れた。しかし、再評価を反映するそのあとの値動きから分かるように、平均への回帰はなかった。

スナップバック・ボリンジャーバンド・システムは私のミクロトレンドシステムのなかで最も確実に儲かるシステムだ。それと同時に最も危険なシステムでもある。なぜならリスクエクスポージャーが最も高いからだ。したがって、新たに仕掛ける前にはリスクを限定する手段を講じることが重要だ。リスクを限定するということは、利益を限定するということでもある。しかし、長くゲームにとどまりたいのであればリスクの限定は必要不可欠である。

リスクを限定するひとつの方法として、時価総額でのスクリーニン

グを追加するという手がある。超小型株や小型株（中型株も）を排除するのは最も堅実に利益を出すセットアップに集中するうえで役立つ。アルタッチャーの結果からも分かるように、主要インデックスの構成銘柄だけに注目することはスナップバック・ボリンジャーバンドから利益を得る効果的な方法だ。リスクを限定するもうひとつの方法は、これらのセットアップに対するオプションをトレードすることである。期近のアウト・オブ・ザ・マネーのオプションを買うことで、損失をオプション料に限定できるうえ、これらのトレードの保有期間は最長で5日なので、タイム・ディケイもそれほど被ることはない。さらに、スプレッド取引も可能だ。ただし、スプレッド取引は潜在的利益をかなり限定してしまうことになる。少なくとも、ポジションを建てる前に通常のポジションサイズを小さくすることが重要だ。その銘柄のリスクが高いと思えるときには、おそらくそれはリスクが高い。リスクの高い銘柄はこのシステムの稼ぎどころでもあるが、注意しなければ口座を破産させることにもなりかねない。そこで私からのアドバイスは、リスクの高い銘柄をトレードしたいのであれば、小さくトレードせよ、ということである。

第12章

ターン・オブ・ザ・マンス・システム

The Turn-of-the-Month System

　特定のデータが株価市場の振る舞いに及ぼす影響を理解することに、これまで多大な関心が寄せられてきた。こうした変則的なサイクルに関する研究は、ちょっと怪しげな眉つばものから、『ジャーナル・オブ・ファイナンシャル・アンド・クオンタティブ・アナリシス』の長大な論文といった学術的なものまで多岐にわたる。神秘的でちょっと奇妙なものは、何と株価市場の変動を太陽周期や惑星周期、地球磁場、あるいは「全地球的意識」といった難解なものに関連づけようとする。おいおい、いいかげんにしてくれよ、と言いたいところだ。

　しかし、厳密な審査に耐え得る季節性というものがある。投資家の古いことわざに、「5月に売ってどこかに出かけろ」というものがあるが、これは夏は株価が下がりやすいという歴史的に検証されたカレンダー効果に根ざすものだ。カレンダー効果のもうひとつの例は、新年を迎えたあと、株価の下がった銘柄は「1月効果」によって上昇する傾向があるというものだ。カレンダー効果はまだある。主要な市場サイクルは4年ごとに現れ、このサイクルの終わりは大統領選の時期に一致する、というものである（マーシャル・ニッケルズ「Presidential Elections and Stock Market Cycles」、『Graziadio Business Report』7 (3), 2004)。

　しかし、こうしたよく知られる理論は今では疑問視されている。例

えば、「５月に売れ」を文字どおり実行して、５月１日に売って11月１日に買い戻したとすると、リターンは25％減少するだろう。1933年以降、株価が下落すると言われる夏に株価は平均で2.5％下落するのではなく、上昇している（マーク・トランブル「"Sell in May and Go Away": Not Among the Best Market Tips?」、『Christian Science Monitor』2010年４月30日付け）。１月効果も不評だ。こうしたよく知られた効果に詳しいトレーダーやマネーマネジャーは１月の上昇を見込んで12月に小型株を買っているが、安い株は１月ではなく12月に上昇する傾向があるのだ。そして、もし安い株が12月に上昇する傾向があるのであれば、だれもが11月に買い始めるのは時間の問題だ。こうして市場の季節性は消滅する。要するに、知られすぎてしまった、ということである。

とはいえ、どのカレンダー効果も同じであるとは限らない。どんなに知られても変わらないものが少なくとひとつある。それは「休日前効果」（株価は市場の休日前に上昇する傾向がある）ではなく、「決算前効果」（株価は決算報告前に上昇する傾向がある）でもなく、「金曜日・月曜日効果」（株価は金曜日に上昇し、月曜日に下落する傾向がある）でもない。これらの変則性は確かに過去には有効だった。しかし、あまりにも知られすぎたため（これはひとつには、これらの効果を追跡した『ザ・ストック・トレーダーズ・アルマナック［The Stock Trader's Almanac］』が普及したため）、その効果はなくなった。これらが効果を失うことになった致命的な欠陥は、ビッグマネーのプレーヤーたちがそれに基づいて買ったり売ったりする決定的な理由に欠けることである。カレンダー効果が株式市場の振る舞いに影響を及ぼすのであれば、それは休日前の感情や月曜日の朝の憂鬱といった刹那的なものではなく、規則的な季節性に関連づけられなければならない。

この最後のミクロトレンドシステムは、季節的な強気に根ざしたひとつのカレンダー効果に焦点を当てたものだ。これはひとつのカレン

ダー効果に関連するセットアップで、どれだけ多くの人に知られようと、毎月毎月利益を生みだし続けるものだ。このシステムはほんのときたまにしかトレードしないが、ほかのマイクロトレンドシステムを補うのに十分な利益をもたらしてくれるものである。このシステムは私のマイクロトレンドシステムのなかで最も簡単なシステムだ。チャートを読む必要もなければ、スクリーニングを実行する必要もなく、テクニカルインディケーターをチェックする必要もない。このシステムに必要なのは、カレンダーとトレード口座だけである。

ターン・オブ・ザ・マンス・システムの概要

　ここで紹介するのは、堅実なマネーメイカーとして実証されたマイクロトレンド・カレンダー効果のセットアップである。このシステムは1カ月に1回しかトレードを生成しない。つまり、1年で12回ということになる。これはシステムの潜在的収益性を著しく減退させるものだ。さらに、このシステムのトレード対象はボラティリティの低いS&P500のみである。したがって、リターンを上げようと思ったら、レバレッジを利かせる必要がある。そのためには投資対象をS&P500の動きの2倍、3倍に連動するものに変えればよい。前にも述べたプロシェアーズ・ウルトラS&P500とそのインバースであるプロシェアーズ・ウルトラ・ショートS&P500（SSOとSDS）、ディレクシオ・ラージ・キャップ・ブル3xシェアーズとそのインバースであるディレクシオン・ラージ・キャップ・ベア3Xシェアーズ（BGUとBGZ）がその候補だ。これらはS&P500指数の2倍、3倍のレバレッジを利かせたものだ。さらに大きなレバレッジを利かせたければ、これらのウルトラETFペアの出来高の高いイン・ザ・マネーのオプションをトレードすればよい。さらには、EミニS&P先物（ES）や、資金の豊富なトレーダーに最もよくトレードされている先物であるS&P先物

（SP）などもお勧めだ。ＥミニS&Pは１枚当たり１ポイントで50ドルのリターン（S&P先物は１ポイント当たり250ドルのリターン）になり、ポジションをオーバーナイトするのに口座にはわずか6500ドルあればよい。こうしたデータを見ると、このミクロトレンドシステムにとって理想的な投資対象はＥミニS&Pである。

チャートでのセットアップは必要ないので、それについては気にする必要はない。それではこのシステムとリターンについて少しお話ししよう。ここで紹介するセットアップは「ターン・オブ・ザ・マンス効果」と呼ばれているものを利用するものだ。このカレンダー効果は、カレンダー効果のなかで最も一貫した強気のサインのひとつに焦点を当てる。これを最初に発見したのは、情報のぎっしり詰まった『ザ・ストック・トレーダーズ・アルマナック（The Stock Trader's Almanac）』の著者であるエール・ハーシュだ。彼は暦月の終わりの数日間と、翌月の最初の数日間に株価が上昇する強い傾向があることに気づいた。

月が変わる節目に株価が上昇するという考えの背景にあるのは、月が変わる節目にはお金が給与から天引きされて年金口座に流れるため、機関ファンドマネジャーは株式、特にS&P500の構成銘柄を買わなければならないという事実である。この効果は各四半期の終わり（３月、６月、９月、12月の終わり）に増大する。なぜなら、ヘッジファンドマネジャーは四半期ごとに給料が支払われるからだ。だから、各四半期の終わりに株価の高い銘柄やセクターを買ってリターンを上げようとするのである（いわゆる、ウィンドウドレッシング効果）。したがって、年金口座があり、ヘッジファンドマネジャーがいるかぎり、ターン・オブ・ザ・マンスのカレンダー効果は継続し、株価を上昇させ続けるのである。このシステムはこれを利用しようというものである。

有名なオプショントレーダーであるチャック・ヒューズは1949年から2001年までの53年間にわたってこのカレンダー効果のバックテスト

表12.1　ターン・オブ・ザ・マンス・システムのリターン（53年間のバックテスト）

総トレード数	472回
勝ちトレード数	354回
勝率	75.0％
勝った年のリターン	94.3％
総利益（当初資産は1万ドル）	409万6108ドル
総ROI	4万0961％
平均年次ROI	772.0％

を行った。その結果、月の変わり目に株を保有することでパフォーマンスが驚異的に上がることを発見した（チャック・フランクとクリサフーリ［編集者］による『Secrets of the World Cup Advisors』［New York : Marketplace Books, 2004］の97〜100ページ）。このバックテストは月々の利益を再投資する以外レバレッジはないにもかかわらず、S&P500だけで**表12.1**に示すパフォーマンスを示した。

　これはだれの目にも驚異的なリターンだ。1万ドルを400万ドルにする手法は、ウォール街の連中が秘訣を聞くためにあなたの玄関先に野宿したくなるような手法だ。しかし、熱くなる前に注意すべき点がいくつかある。第一に、**表12.1**に示したリターンはS&P500ではなくTボンドに投資したときの利息を含んでいるという点だ（現在、Tボンドは最もリターンが高い）。第二に、472回というトレード数は53年間にわたって毎月このシステムでトレードした数とは一致しないという点である。もし毎月このトレードでトレードしていれば636回になっていたはずである。さらに、ヒューズがバックテストしなかった月が164カ月もあるという点である。この理由はのちほど説明する。最後に、このシステムは400万ドル稼ぐのに53年を要しているという

点である。実に長い期間だ。毎月の複利効果を考えると、これは年間リターンではプラス12％に相当する。つまり、１カ月におよそプラス１％のリターンということになり、同時期のS&P500のリターンをわずかに上回る程度である。このシステムでトレードしたのがわずか17％の期間（83％は安全なＴビルに投資した）であることを考えると、年12％というリターンには特に問題はないが、レバレッジを利かせればリターンはもっと伸ばせる。

さて、164カ月間、このシステムを採用しなかったという理由だが、それはヒューズが２つのルールに従ったからである。ひとつは、「５月に売れ」という慣習によって、７月と８月はトレードしなかった。もうひとつは、５％以上上昇した月にはトレードしなかった。これらのルールは２つともドブに捨てることをお勧めする。私の10年にわたるバックテスト（結果は**表12.2**に示したとおり）によると、より現在に近い市場状態では７月と８月はかなりの利益が出ている。さらに、５％の上昇ルールにはなるほどと思われる節もあるが、最も上昇した月にトレードしないことでリターンは上昇するどころか、下落する。したがって、リターンを向上させるための簡単な方法として、次のルールのみを取り入れることにしたい——月末の２日前にS&P500を買い、月末から３日後に売れ。したがって、各トレードの保有期間は最大で５日ということになる。さらに、５％の損切りを置いておけば、最大損失を限定（私の最大損失はマイナス7.8％だった）できるが、５％の損切りを置かなければ、トレードによっては大きな損失を被ってたたきのめされることになるだろう。

120カ月にわたるバックテストを行った結果、このシステムの2000年５月からのベストなトレード対象を決定した。このルックバック期間にはインターネットバブルの崩壊、9.11による下落、9.11以降の上昇、信用危機や住宅危機、そして最近の弱気市場の持ち直しが含まれている。市場の歴史でこれ以上ボラティリティの高かった10年はない。こ

表12.2 ターン・オブ・ザ・マンス・システムのリターン（10年間のバックテスト）

総トレード数	120回
勝ちトレード	83回
負けトレード	37回
勝った年	10年のうち9年
純利益（SPY。当初資産は1万ドル）	8459ドル
純利益（SPY・TLT。当初資産は1万ドル）	2万84ドル
総ROI（SPY・TLT）	201％
1トレード当たりの平均ROI	0.55％

のシステムは静かな上昇市場で最もよく機能するため、潜在的利益の検証期間としては打ってつけだ。

まず最初にS&P500 SPDR（SPY）のみを使って検証し、次にiシェアーズ20年超のTボンドETF（TLT）から得られるキャピタルゲインと配当を追加した。20年のTボンドには2xレバレッジETFがある——プロシェアーズ・ウルトラ20年超のTボンド（UBT）。しかし、本書執筆の時点では、これはあまり流動性がないためお勧めはできない。過去10年にわたってTボンドが上昇トレンドにあったため、利益は2倍に増えた。**表12.2**はこのバックテストの結果を示したものだ。

SPYのみの場合、およそ70％のポジションで利益が出ている。負けた年は1年（2009年）のみで、これは主として2月に出した損失（マイナス7.8％）が原因だ。201％という総ROI（投資収益率）は、同時期S&P500が12％下落したことを考えると素晴らしい数字だ（以下を参照）。平均年次リターンがわずかプラス8.5％というのは、TLTからのリターンが含まれていないためであり、これは感動にはほど遠い。そこで、もっとレバレッジを利かせてみることにした。

表12.3 ターン・オブ・ザ・マンス・システムのレバレッジETFのトレード結果

（TLTは含まない）	10年のROI	年次ROI	1万ドルに対する利益
S&P500のバイ・アンド・ホールド	-12.8%	-1.3%	-1280ドル
TOTM（SPY）	84.6%	8.5%	8459ドル
TOTM（SSO）	169.2%	16.9%	1万6918ドル
TOTM（BGU）	228.4%	22.8%	2万2840ドル
TOTM（ES、証拠金6500ドル）	614.5%	61.5%	3万9944ドル
TOTM（SP、証拠金2万5000ドル）	798.9%	79.9%	19万9720ドル

　これらのリターンを向上させるには4つの方法がある。ひとつは、SPYの代わりにSSOを使うというものだ。SSOはS&P500に連動する2xレバレッジETFである。つまり、S&P500が2％上昇すれば、SSOは4％上昇するということである（S&P500が2％下落すれば、SSOは4％下落する）。レバレッジをさらに利かせるためにはBGU（3xレバレッジ大型株ETF）がある。BGUは、S&P500よりも若干ボラティリティの低いラッセル1000に連動するものだ。したがって、BGUのレバレッジは3よりも2.7に近い。しかし、SSOに比べればレバレッジは格段に高い。レバレッジをさらに上げるためには、S&P500のEミニ（ES）をトレードすればよい。これはこのシステムにとってはより好ましいトレード対象だ。現在の委託保証金は1枚当たりわずか6500ドルだから、現在価格でSPYを100株トレードするのに必要な資金はおよそ1万1000ドルである。Eミニはレバレッジを利かせることができるだけでなく、必要資金も少なくてすむため、リターンを大幅に向上させることができる。最後がS&P先物（SP）だ。これは最大級のリターンが期待できる。しかし、委託保証金はちょっと高めで2万5000ドル必要だ。

　表12.3はこれらのレバレッジETFのみ（TLTからの収入は含まれ

表12.4　ターン・オブ・ザ・マンス・システムのレバレッジETFのトレード結果（TLTを含む）

（TLTを含む）	10年のROI	年次ROI	1万ドルに対する利益
S&P500のバイ・アンド・ホールド	-12.8%	-1.3%	-1280ドル
TOTM（SPY）	200.8%	20.1%	2万0084ドル
TOTM（SSO）	285.4%	28.5%	2万8543ドル
TOTM（BGU）	344.6%	34.5%	3万4465ドル
TOTM（ES、証拠金6500ドル）	793.4%	79.3%	5万1569ドル
TOTM（SP、証拠金2万5000ドル）	845.4%	84.5%	21万1345ドル

ない）をターン・オブ・ザ・マンス（TOTM）システムでトレードしたときの結果を示したものだ。

ESは、マーケットエクスポージャーが25％を下回っているにもかかわらず、年次リターンは61.5％（純利益。非複利）で、優秀なトレード対象であることは確かだ。これはレバレッジを有効に利用できた証だ。SPはESよりもリターンは高いが、4倍のお金が必要になる。

このルックバック期間ではS&P500は悲惨だった。ターン・オブ・ザ・マンス・システムの真の威力を示すものは、この買いのみのシステムが10カ月のうち7カ月で、そして10年のうち9年で利益を出していることだ。市場は下降トレンドにあったにもかかわらず、かなり良いリターンを上げている。

表12.4は同じルックバック期間でTLT（マーケットエクスポージャーは75％）からのキャピタルゲインと配当を追加した結果である。

この場合もESは素晴らしいパフォーマンスを上げている。このシステムはTLTの追加的レバレッジと比較的安全なリターンがドローダウンの緩衝材となるため、アクティブではないトレーダーのための独立した素晴らしいシステムだ。このシステムだけを月2回だけ――

1回目はESを買ってTLTを売るトレード、2回目は5日後にESを売り、TLTを買い戻すトレード——トレードすることで、大きな利益を手にすることができる。これを1年に12回行う。そうすれば、ゆっくりではあるが確実に富を築くことができる。

ターン・オブ・ザ・マンス・システムのパラメーター

　ターン・オブ・ザ・マンス・システムのパラメーターは非常に簡単だ。前にも言ったように、このシステムをトレードするには、カレンダーとトレード口座だけあればよい。チャートは不要で、インディケーターをチェックする必要もなく、ローソク足を数える必要もない。月に2回、およそ5分だけトレードすればよい。6500ドルの口座を開き（ESのポジションを1枚維持するのに必要な最小限の額）、1カ月に最大で10分トレードするだけで、毎年5000ドルの利益が口座に流れ込むのだ。複利だともっと多くなる。しかもこれは1枚当たりの額なので、5万ドル口座だと、年4万ドル近い利益を手にできる。そして10万ドル口座ではフルタイムと同様の収入が期待できる。このシステムは、フルタイムで別の仕事を持っている人や、トレード収入を家計の足しにしたい主婦、授業料を稼ぎたい学生などに打ってつけのシステムだ。

　これがこのシステムのあらましだ。これ以上単純化しようがない。ここではTLTを追加したシステムを紹介した。ほかのミクロトレンドシステムと併用するつもりなら、TLTを買う必要はない。毎月多くのキャッシュを15日から17日の取引日のために拘束したくはないはずだ。しかし、大金を持っているのなら、あるいはこのシステムがあなたがトレードする数少ないシステムの1つなら、TLTのポジションを追加することをお勧めする。TLTを追加することで、このシス

テムが生み出すキャッシュフローを飛躍的に安定化することができるからである。

ターン・オブ・ザ・マンスのシステム

【ステップ1】 月末から2日前または月末の寄り付きで、次のうちの1つを買う。

a．SPY（S&P500のノンレバレッジETF）
b．SSO（S&P500の2xレバレッジETF）
c．BGU（大型株の3xレバレッジETF）
d．ES（S&P500のEミニ先物）
e．SP（S&P500の先物）

【ステップ2】 翌月の3日目の大引けで、S&Pポジションを売り、TLTに同じ額のキャッシュを投入する。

【ステップ3】 月末から2日前または月末の寄り付きで、TLTを売り、ステップ1を繰り返す。

【自由選択】 SPYポジションにはマイナス5％のハードストップを置いてもよい。これはボラティリティが非常に高いときの損失を限定するためのものだが、勝ちトレードを失うことにもなるので注意が必要だ。

ターン・オブ・ザ・マンス・システムの実例

このシステムではスクリーニングを実行する必要はなく、チャート

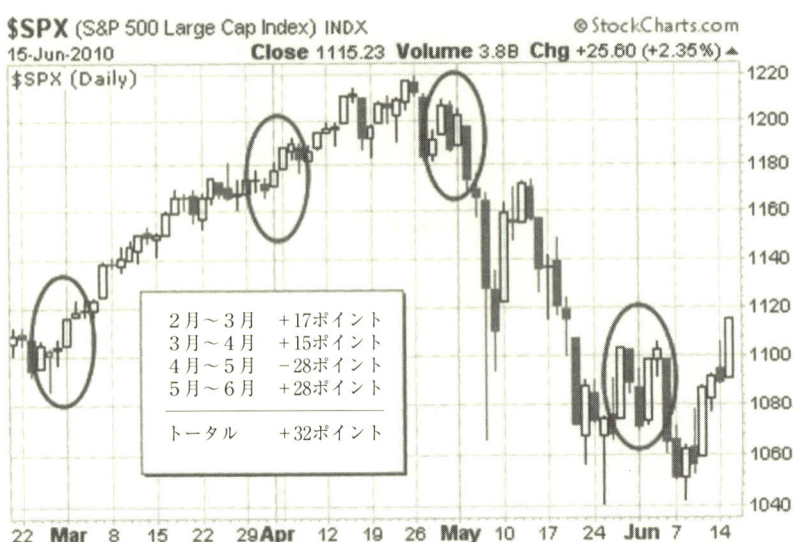

図12.1　ターン・オブ・ザ・マンス・システムによるトレード（2010年）

```
2月～3月    +17ポイント
3月～4月    +15ポイント
4月～5月    －28ポイント
5月～6月    +28ポイント
────────────────
トータル    +32ポイント
```

Chart courtesy of StockCharts.com.

をチェックする必要もないので、システムのセットアップを説明するチャートを示す必要はないが、異なる市場状態でこのシステムがどう機能するのかを示す実例をいくつか紹介しよう。

　まずは最近の例から。**図12.1**は2010年3月から6月までのチャートを示したものだ。市場は12カ月ボラティリティの低い上昇トレンドから急下落している。**図12.1**の丸で囲んだ4つのトレードのうち、負けトレードは1つだけである。それはボラティリティがものの数日で突然18あたりから42を上回る水準にまで上昇したときだ。S&P500はトータルでプラス32ポイント上昇し、4カ月の間にSPYはプラス2.9％、SSOはプラス5.8％、BGUはプラス7.8％、ESはプラス24.6％、SPはプラス25.6％のリターンを上げた。ESのリターンは6500ドルの投資で1枚当たり1600ドルだった（TLTの利益は含まない）。これは年率で4800ドルに相当し、ROIで言えばプラス73.8％である。これは私の10年にわたるバックテストの結果に一致する。

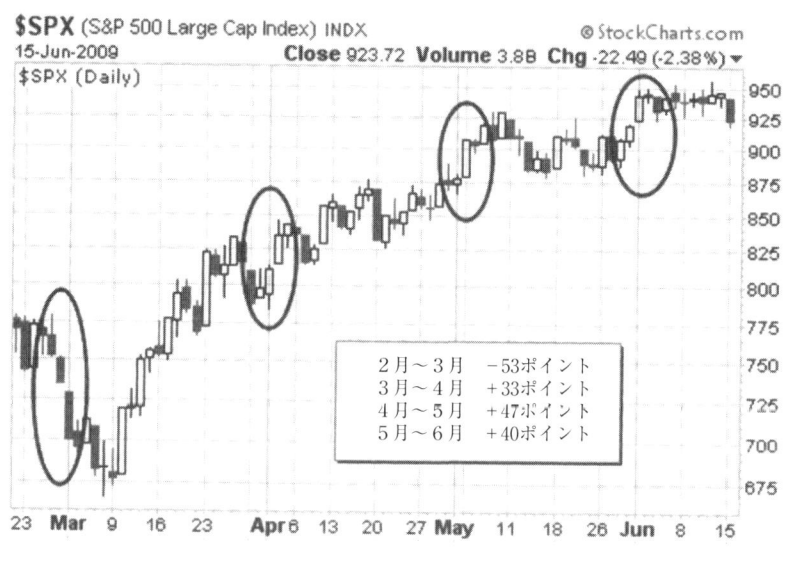

図12.2　ターン・オブ・ザ・マンス・システムによるトレード（2009年）

```
2月～3月　−53ポイント
3月～4月　+33ポイント
4月～5月　+47ポイント
5月～6月　+40ポイント
```

　カレンダーを1年前に戻し、2009年の同じ4カ月を見てみると、市場が逆方向になっている以外は同じような状態である。**図12.2**は信用危機による弱気相場の終わりごろから市場が回復したときの様子を示したものだ。4つのトレードのうち、負けトレードは1つだけである。実はこれは10年のルックバック期間に行った全120回のトレードのうちの最大の損失になった月であった（S&Pはマイナス7.1％、SPYはマイナス7.8％）。しかし、この損失は次の3カ月にわたる強気相場ですぐに取り戻すことができた。4カ月の間のトータルリターンは67ポイントで、SPYはプラス8.9％、SSOはプラス17.9％、BGUはプラス24.0％、ESはプラス51.5％、SPはプラス53.6％のリターンを上げた。ESポジションの利益は6500ドルの投資で3350ドルだった（TLTの利益は含まない）。これは年間で1万3400ドルに相当し、ROIで言えばプラス206％である。これは私の10年にわたるバックテストの結果を大幅に上回る。

第4部

補遺
Addendum

第13章

トレードとはギャンブルなのか

Is Trading a Form of Gambling?

　ジャックはビジネススクールを出たばかりで、優秀な投資銀行家として「40万ドルを超える」収入を得ていた。最初の100万ドルを手にしたのは24歳のときで、ニューヨーク郊外の2.4エーカーの土地に広々としたマイホームを建て、結婚生活も円満で、300万ドルを超える貯金もあった。しかし、何もかもがうまくいっていた矢先、ジャックの世界は突然崩壊した。妻は出て行き、広い家から小さなマンションに移り、60万ドルの借金を背負い、破産の危機にひんしていた。夜、ベッドに横たわって考えることと言えば、自殺の方法だけだった。

　クリフはロサンゼルス郡の保安官事務所で25年勤務したあと、62歳で退職した。クリフの給料からコツコツと25万ドル貯め、そのお金で退職後に夢のマイホームを建てることを計画していた。土地を買い、家の建築が始まった。4年後、家の完成をまじかに控えていたとき、クリフはウィスキー3本とリボルバーを手に車に乗り込むと走り去った。彼は妻に電話して、貯金はすべて消滅し、残るのは借金のみであることを伝えた。そして、死に場所を探してロサンゼルスの町をあちこち走り回った（どちらの話も、スティーブン・ゴールドバーグ「He Never Saw the Sun: Day Traders Who Became Addicted to Buying and Selling Stock」、『Kiplinger's finance Magazine』2001年8月号より）。

話はまだ続く。60歳で定年退職した元株式ブローカーはかつては500万ドルあった年金が、2年後、10万ドルにまで目減りした。ある主婦は、勤勉な夫とともに子供の大学資金のために貯めた15万ドルがゼロになった。27歳の専門職の夫婦は、懸命に貯めた貯金を8カ月で使い尽くした。赤ん坊が生まれたばかりだというのに、夫は自殺のことばかり考える日々だった（コンスタンス・ロイゾス「Addicted to Love...of Day Trading : It's Compulsive, Say Gambling Counselors」、『Investment News』1999年6月21日号）。

　彼らには共通点がひとつだけあった。彼らはデイトレード依存症にかかっていたのだ。毎日何時間も暗い部屋に閉じこもって、CNBCをかけっぱなしで、コンピューター画面を見つめ、次なる「大物」を求めて無我夢中でインターネットを物色した。物事がうまくいっているときはアドレナリンが体中を駆け巡り喜びがあふれだし、うまくいかないときは自己嫌悪に陥ることを彼らは知っていた。彼らはだれもが大金で始めた。お金がなくなると借金した。そしてもうひとつの共通点は、唯一の逃げ道として自殺を考えていたことだ。

　幸いなことに、彼らは全員が救いの手を見つけることができた。カウンセリングを受けたり、長らく悩んだ末に伴侶の理解を得たり、ギャンブラーズ・アノニマスのような団体に駆け込んだりといろいろだ。そのおかげで、彼らは銃と酒ビンを置き、アクティブトレードから遠ざかることができた。しかし、だれもが幸運だったわけではない。

　1999年の春、アトランタ出身の44歳の元化学者であるマーク・バートンはオール・テク・インベストメント・グループでの高額なデイトレードコースを終了した。このコースで彼はモメンタムとオーダーフロートレードというストレスに満ちたシステムを学習した。このシステムはテープをティックごとに細かくチェックする必要があった。急激な上昇相場で分け前に預かることを期待して、彼はトレードを開始した。デイトレードは簡単ではないことを彼はすぐに実感した。数週

間後、彼は10万ドルを超える借金をしていた。絶望的な気持ちになった。そのとき、彼のなかの何かがパキッと折れた。彼は家に戻ると、ハンマーを持ち出し、妻と2人の子供を殴り殺してしまったのだ。そして、弾丸を込めた4丁のピストルを持ってオール・テクの事務所に乗り込み、9人を射殺し、12人にケガを負わせた。警官に取り囲まれた彼は自分の頭を打ち抜いた。アトランタ史上最悪の大虐殺事件となった。

依存症の危険なサイン

　今話してきたのは警告を発する話である。彼らは明らかに人生を破壊へと導く短期トレードの依存症状を呈している。チョコレートやテレビ放映されるスポーツや長距離走に夢中になっても、深刻な結果にはならない。しかし、デイトレード依存症になれば、結婚生活も、家も、家族も、健康も、経済的な安定も危機にされされる。彼らは彼ら自身にも他人にも痛みはなにも及ぼしていないと思っている。彼らは成功しなかったときにどれほど後悔するか分かっていないのだ。彼らは取り返しがつかなくなるまで損失を愛する者にひた隠す。彼らの脳裏には次に大勝利することしかないのである。

　そこで考えてみたいのが、本書で私が紹介するようなアクティブトレードはギャンブルの一種なのだろうか、ということである。もしそうなら、依存症になる可能性があり、それゆえに危険なものなのだろうか。ギャンブルを結果が不確実なものに賭け、損をする可能性もあるものと定義するならば、ここで紹介したようなアクティブトレードもギャンブルということになる。買いや売りのポジションを取ることは、その銘柄の将来的な値動きを予測するということである。予測が正しければ「勝ち」、正しくなければ「負ける」。株価の将来的な値動きは厳密に言えば不確実であるため、トレードは一種のギャンブルと

言える。

　反論もありそうだ。不確実なものに対してはエッジはないのだろうか。システムトレードとはまさにそのエッジを得るものではないのか。そのとおりである。本書で紹介したどのシステムも結果をランダムに予測するよりも予測能力に優れているものばかりだ。どのシステムも過去の観察された動きに基づいて価格が将来的にどう動くのかについて適切な予測ができることが実証されている。しかし、株式市場はゼロサムゲームだ。勝者がいれば、敗者がいる。あなたが買う株は、だれかが売る株だ。あなたが１ドル稼げば、だれかが１ドル損をする。では真の「エッジ」はどこにあるのか。ラスベガスのギャンブル――婉曲的に「ゲーミング」と呼ばれる――では、ハウス側にエッジがある。株式市場では、ビッドとアスクのスプレッドや手数料により、ブローカーやマーケットメイカーにエッジがある。

　アクティブなトレードがギャンブルなら、そしてギャンブルが人に壊滅的な打撃を及ぼす可能性があるとするならば、それを避けるのが最も良いことではないだろうか。われわれのお金をいくつかのインデックスファンドを買う指図とともにアセットマネジャーに委託するパッシブな投資家にはなるべきではないだろうか。しかし、ここで問題なのは、パッシブなバイ・アンド・ホールド戦略はこの12年以上にわたってすでに機能していないことだ。S&P500は今では（2010年中旬）1998年当時と同じ水準にあり、2000年よりもかなり下がっている。さらに、パッシブな投資は当分機能しそうもないという証拠もある。将来的にキャピタルゲインを堅実に稼ぐとするならば、トレード依存症を避けながら、われわれの資産をアクティブに運用する方法を見つける必要がある。

　ところで、何がトレード依存症を引き起こすのだろうか。答えを聞くときっと驚くはずだ。依存症になりやすい性格の人がトレード依存症にかかる原因は、大金を稼げる可能性があるかもしれないというの

ではない。大金を稼げるからこそトレードするはずなのだが……。ジョージ・ソロスやジム・クレーマーのような人々が大金を稼いでいるということは、われわれが仲間外れにされることなくトレーダーであると公言できることを意味する。トレードしていることをドラッグやポルノのように押入れに隠す必要はないわけである。パーティーの席で自分は株式トレーダーであることを人々に言ってみるとよい。すると、興味を持った人々が周りに集まってロックースター並みに扱ってくれるはずだ。もし手っ取り早く金持ちになることがトレードを正当化する唯一の理由ならば、なぜ依存症に陥るのか。一言で言えば、それはリスクに対する願望である。

　依存症になるのはアドレナリンが体中を駆け巡るからであり、その呼び水になるのがリスクである。依存症にかかったトレーダーはスリルを追い求める人と何ら変わらない。その見返りは、飛行機から飛び降りることでも、エベレストに登ることでも、イギリス海峡を泳いで渡ることでもない。リスクを経験することこそが彼らにとっての見返りなのである。依存症患者はもっと、もっととリスクをとることに喜びを見いだす。たとえ大切なものをどんどん失っているにもかかわらずにだ。トレード依存症にかかった人はもっともっとと、金融リスクをとることに喜びを見いだす人だ。たとえお金をどんどん失い、最終的には大切にしているものをすべて失ったとしてもだ。

　私はこれまでトレード依存症にかかった顧客をたくさん見てきた。私は顧客にはまず依存症状の前兆を発見するためのアンケートに記入してもらう。依存症にかかったトレーダーたちは例外なく悪いトレーダーだ。したがって、彼らと効果的に作業を進めていくためには、まずは依存症にかかっていないかをチェックし、かかっていたらリスク・トレード依存症に関連する習慣を取り除かなければならない。彼らが依存症にかかっているかどうかはどうチェックすればよいのだろうか。危険信号はいくつかある。そのうちの一部を紹介しよう。

- 朝起きてから夜寝るまでトレードのことばかり考えている。
- 朝起きたらコンピューターを起動し、先物や新たにトレードする銘柄をチェックしたくてたまらない。
- 仕事中も市場を常にチェックし、自分の買った株がどうなっているのかをチェックする。たとえ仕事に遅れが生じていても。
- やらなければならない大切な仕事を先延ばしにする。そんなことをしていてはトレードやトレードリサーチの時間がなくなるから。
- トレードの最中は電話にも出なければ、メールに回答することもない。たとえそれが大切な人からの電話やメールでも。
- トレードの邪魔になるからと、人間関係をおろそかにする。
- トレードを邪魔されると伴侶や子供にさえも怒りを感じる。
- あなたの顔を見ると、その日のトレードがうまくいったのか、いかなかったのかは一目瞭然。
- 連敗すると、市場や市場操作、ブローカー、トレードシステム——つまり、あなた以外のあらゆるもの——のせいにする。
- フルタイムでやれば、もっと資金があれば、責任から解放されれば、もっと良いトレーダーになれるのにと思う。
- あなたに堅実にお金をもたらしてくれるグルが見つかることを期待して、株式投資相談サービスをはしごする。
- トレード機器、ソフトウエア、セミナーへのお金は出し惜しみしないが、子供や家庭や家族に使うお金は惜しいと思う。
- あなたが読む本はトレードの本ばかりで、新聞をめくれば金融欄、そして好みのテレビ局はCNBCやブルームバーグ。
- どれくらい儲けられるかや、儲けたお金を何に使うかを考えるのに莫大な時間を割く。
- トレードのために睡眠時間はなくなり、食事や運動もおろそかになる。

●トレードを中断したくないため、休暇中もトレードを続けるか、休暇は取らない。
●株式投資はまだるっこい。デリバティブ（オプション、先物、FXなど）こそが本当のトレードだと思う。
●負けトレードにしがみつき、勝ちトレードはすぐに手仕舞う。
●新たなポジションに口座資金の10％以上を投資する。
●信用取引をする。
●別の目的（例えば、大学資金、定年後の生活資金、新車）のために貯めておいたお金をトレードに使う。
●（親類、友人、クレジットカード会社などから）お金を借りて、それでトレードする。
●どんなに長く連敗しても、１回大きく勝てばそれで穴埋めできると思っている。
●トレードのせいで「破産」の二文字を考えるようになった。破産申告する方法を調べることもある。
●トレードが原因であなたやあなたの伴侶が離婚を考えるようになった。
●トレードが原因であなたやあなたの伴侶が自殺を考えるようになった。

　私はこういった危険信号を嫌というほど分かっている。私の顧客のなかにもこういう危険信号を発している人がいたが、実は私自身も以前こういう危険信号を発していたことがある。しかし、神のご加護と愛する妻のおかげで、私はトレード依存症から脱することができた。取り付かれたようにトレードする（前述の危険信号のリストのうちで、私が発していた危険信号は16個を下らない）生活を神が救ってくれなければ、私も冒頭の警告を発する輩の仲間入りをしていただろう。幸いなことに、実際に自分に危害を及ぼすほどの依存症になった顧客は

いなかったし、私もそこまでにはなったことがない。しかし、この種の自己破壊への道は、滑りやすい坂を一見無邪気に少しずつ進んでいくことであることを知った。

依存症にかからないための方策

トレード、アルコール、セックス、ドラッグ、スポーツなど、どんな依存症も2つのこと——脳内化学と精神的な呪縛——が生みだすものである。前者は態度や振る舞いを変えたり、もっと極端なケースでは、処方薬で対処可能だが、後者は祈りと信仰によって対処するしかない。カウンセラーは依存症患者の治療には認知療法（考え方を変える）と行動療法（行動を変える）を使う。しかし、精神的な原因を見つけてそれに対処しなければ、依存症になるものが変わるだけである。例えば、アルコール依存症が仕事依存症になったり、セックス依存症がフィットネス依存症になったりといった具合だ。確かに改善されてはいるが、依存症患者の生活は彼らには制御不可能で、最悪の事態へとらせん階段を駆け下りていることに変わりはない。

依存症の精神的要素は複雑なので、本書の範囲を超える。しかし、精神面においては驚くほどパワフルなものがあり、取り付かれたようにトレードするという呪縛から神が私を救ってくれたときに私はそれを使った。これについて学習してみたい人は、まずはニール・アンダーソンの『鎖を解き放つ主』（ICM出版）や『依存症からの解放』（マルコーシュパブリケーション）を読んでみるとよいだろう。

行動面はもっと簡単だ。もしトレード依存症の原因がリスクなら、リスクを減らせばよい。特に、次のリスクを減らす必要がある。

●計画やシステムもなく、勘や勢いでトレードするリスク
●口座資産に対して大きすぎるポジションを取るリスク

●レバレッジを利かせすぎるリスク
●負けトレードにしがみつき、勝ちトレードを早く手仕舞いしすぎるリスク
●自分の許容限度を超えた損失を出すリスク
●あなたにとって大切な人にトレードによって被った損失を隠すリスク

　これらのリスクについては本書で解説し、すでに解決済みだ。第3章では5つのステップのトレード計画について説明したし、第5章から第12章までは、8つのパワフルなトレードシステムを紹介した。勘や直観でトレードしたり、耳寄り情報やニュース報道を探し回ったり、「ホット銘柄」リストを追っかけたりすることに対してはもはや言い訳は通用しない。トレーダーとして成功するには、私が本書で書いたステップに従うだけである。もう成功をでっちあげようとする必要などないのだ。

　私の5つのステップに厳密に従えば、大きすぎるポジションを取る心配はない。その代わりに、あなたは自動的に口座を10個に分け、どの1つのポジションにも口座資産の10％を超える額は投資しない。こうすることで、このタイプのトレードにふさわしい方法でリスクを分散したことになる。口座が大きくなれば、ポジションサイズも大きくなるが、口座資産の合計の10％を超える額には絶対にならない。

　信用取引に関しては、「ノー」と言うことである。2万5000ドル以上の口座を持っていれば、ブローカーから4倍のレバレッジが与えられるはずだ。つまり、10万ドルのバイイングパワーを持つということである。アクティブトレーダーに対しては10倍のレバレッジ（バイイングパワーは25万ドル）を与えるところもある。あなたの口座画面に悪魔のように魅力的な数字が提示されたら、にっこり笑って「ノーサンキュー」と言おう。いかなることがあろうと、どの1つのポジショ

ンにも口座資産の合計の10％を超える額を投資してはならない。レバレッジを利かせたければ、ウルトラETFをトレードするか、ベータの高い銘柄に投資する。もっと欲しいというリスクをとることなく、トレードを面白くしてくれるだけの価値はあるはずだ。

　もう一度言うが、私のシステムに厳密に従えば、損失を小さく抑えることや利を伸ばす（少なくとも目標利益や損切り地点まで）ことにいささかの問題もないはずだ。私がコーチを務める顧客が最もよく口にする問題は、負けトレードにしがみつく傾向があることである。彼らに私の『トレンド・トレーディング・フォア・ア・リビング』を読んだかと聞くと、彼らのほとんどは、読んだ、と答える。そして、大変ためになったと言う。次に、それではなぜそこに書かれているルールに従わないのだ、と聞く。たとえどんなことがあっても「自分のやり方でやりたい」という人間の本質は、どうも解せない部分がある。「自分のやり方」でやるというのは米国の伝統的な美徳だが、人生と文化において「自分のやり方」でやるのは非生産的なのである。これは特にトレードではそうである。トレーダーにとって２つの重要なモットーは、「計画にしたがってトレードする」と「システムに従う」であるべきである。

　もし私の５つのステップの計画に従えば、それほど多く損をすることはないだろう。私の計画に従えば、多くを失うことはあり得ない。最初のトレードを仕掛ける前に、「やめる」地点を決めておくことが重要だ。その地点に達したら、口座を閉じて店じまいをし、何かほかの趣味に移ることである。この地点とはトレード口座の３分の１以下の地点である。この地点を過ぎればリスクは増大し、トレード依存症にかかりやすくなる。

　最後に、おそらくこれは最も重要なことだが、少なくとも１人、だれかあなたがよく知っている人で信頼の置ける人物をあなたが説明責任を負う人物として選ぶことで、孤立したトレードというリスクを避

けるべきである。この人物に定期的に相談し、その人にあなたのトレード記録、口座記録、トレード戦略、手法を見せることで、この利益になる新しい道楽に夢中になりすぎることを避けることができるのである。

第14章

最後のことば

Final Words

　本書は暗い感じで終わりたくない。本書のような短期トレードの本でトレード依存症の現実について語ることは重要なことだが、見落とされることが多い。本書の最後ではトレード依存症の現実について述べたため、ちょっと暗い雰囲気が漂っているが、もっと明るい調子で終わらせることにしよう。

　本書をこの最後のページまで読んだあなたは、トレード人口の知的な10％に含まれることになる。いまやあなたは株式市場から毎日利益を得るのに必要なツールと戦略を手に入れたのである。アクティブトレーダーにとってどんなミクロトレンドがあるのかを知り、それを有利に活用できるわけである。

　本書を読み終えたあなたは、トレード依存症になることなく、ストレスを感じることもなく、不安もなく、ミクロトレンドトレードをうまく行うことができる。あなたには、感情や衝動を牽制することのできる計画がある。あなたには、時の試練とさまざまな市場状態に耐えたシステムがある。そして、あなたには、質問があればいつでも聞ける私という友達がいる。私のウェブサイトをぜひ訪れてみてほしい（http://www.befriendthetrend.com/）。いつでも連絡をお待ちしている。

トレーダーへの祝福のことば

　私は牧師でも神父でもないが、本書を祝福のことばで締めくくりたい。

　あなたのミクロトレンドトレードがいつも利益を生み、エキサイティングなものでありますように。

　あなたが損失を小さく抑えられますように。そして、損失が心の平安を乱すことがありませんように。

　強欲に陥ることなく、あなたの勝ちトレードと口座バランスが増えますように。

　最も必要とする人と富を分かち合うことで、あなたのトレード活動が他人に恩恵をもたらしますように。

　そして何よりも、最も価値のあるものを知り、それがトレードではないということを知る英知をさずかりますように。

■著者紹介
トーマス・K・カー博士（Thomas K. Carr）
銘柄選択とトレーダー教育を提供するビーフレンド・ザ・トレンド・トレーディング（http://www.befriendthetrend.com/）のCEO。数年間テクニカル分析を学んだのち、1996年から積極的に市場にかかわってきた。プリンストン大学で神学の修士号を修得し、オックスフォード大学で修士号と博士号を修得。著書に『トレンド・トレーディング・フォア・ア・リビング（Trend Trading for a Living）』など。

■監修者紹介
長尾慎太郎（ながお・しんたろう）
東京大学工学部原子力工学科卒。日米の銀行、投資顧問会社、ヘッジファンドなどを経て、現在は大手運用会社勤務。訳書に『魔術師リンダ・ラリーの短期売買入門』『タートルズの秘密』『新マーケットの魔術師』『マーケットの魔術師【株式編】』（いずれもパンローリング、共訳）、監修に『バーンスタインのデイトレード入門』『高勝率トレード学のススメ』『フルタイムトレーダー完全マニュアル』『新版　魔術師たちの心理学』『ロジカルトレーダー』『コナーズの短期売買実践』『システムトレード　基本と原則』『脳とトレード』『ザFX』『一芸を極めた裁量トレーダーの売買譜』『FXメタトレーダー4 MQLプログラミング』『裁量トレーダーの心得 初心者編』『ラリー・ウィリアムズの短期売買法【第2版】』『コナーズの短期売買戦略』『株式売買スクール』『損切りか保有かを決める最大逆行幅入門』『FXスキャルピング』『続マーケットの魔術師』など、多数。

■訳者紹介
山下恵美子（やました・えみこ）
電気通信大学・電子工学科卒。エレクトロニクス専門商社で社内翻訳スタッフとして勤務したあと、現在はフリーランスで特許翻訳、ノンフィクションを中心に翻訳活動を展開中。主な訳書に『EXCELとVBAで学ぶ先端ファイナンスの世界』『リスクバジェッティングのためのVaR』『ロケット工学投資法』『投資家のためのマネーマネジメント』『高勝率トレード学のススメ』『勝利の売買システム』『フルタイムトレーダー完全マニュアル』『新版　魔術師たちの心理学』『資産価値測定総論1、2、3』『テイラーの場帳トレーダー入門』『ラルフ・ビンスの資金管理大全』『テクニカル分析の迷信』『タープ博士のトレード学校　ポジションサイジング入門』『アルゴリズムトレーディング入門』『クオンツトレーディング入門』『スイングトレード大学』『コナーズの短期売買実践』『ワン・グッド・トレード』『FXメタトレーダー4 MQLプログラミング』『ラリー・ウィリアムズの短期売買法【第2版】』『損切りか保有かを決める最大逆行幅入門』（以上、パンローリング）、『FOR BEGINNERSシリーズ90　数学』（現代書館）、『ゲーム開発のための数学・物理学入門』（ソフトバンク・パブリッシング）がある。

2013年2月3日 初版第1刷発行

ウィザードブックシリーズ ⑫

株式超短期売買法
――ミクロトレンドを使ったスキャルピング法

著　者	トーマス・K・カー
監修者	長尾慎太郎
訳　者	山下恵美子
発行者	後藤康徳
発行所	パンローリング株式会社
	〒160-0023　東京都新宿区西新宿7-9-18-6F
	TEL 03-5386-7391　FAX 03-5386-7393
	http://www.panrolling.com/
	E-mail　info@panrolling.com
編　集	エフ・ジー・アイ（Factory of Gnomic Three Monkeys Investment）合資会社
装　丁	パンローリング装丁室
組　版	パンローリング制作室
印刷・製本	株式会社シナノ

ISBN978-4-7759-7169-7

落丁・乱丁本はお取り替えします。
また、本書の全部、または一部を複写・複製・転訳載、および磁気・光記録媒体に
入力することなどは、著作権法上の例外を除き禁じられています。

本文　©Emiko Yamashita／図表　© PanRolling　2013 Printed in Japan

関連書

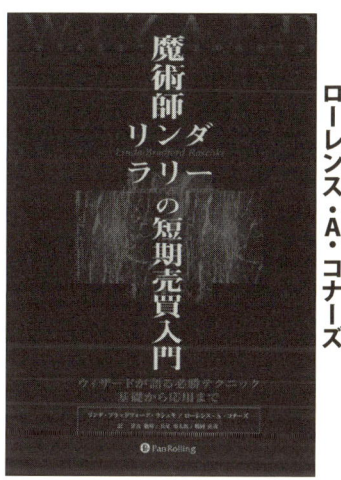

ウィザードブックシリーズ 1
魔術師リンダ・ラリーの短期売買入門
著者：リンダ・ブラッドフォード・ラシュキ、ローレンス・A・コナーズ
定価 本体 28,000円+税　ISBN:9784939103032

【ウィザードが語る必勝テクニック基礎から応用まで】この「短期売買入門」には、順バリ派（トレンドフォロー派）の多くが悩まされる出動初期のだましを逆手に取る手法（タートル・スープ戦略）をはじめ、窓空けの後、その当日から数日の間に起こることやニュースに対して激しく動くマーケットの反応〜決してシステム化できない多くのパターン認識〜が株式市場も、商品市場も詳しく書かれている。特に圧巻なところはチャート上のパターン認識を満載しただけでなく、いつどこで仕掛けて、どこで仕切るか、または損切るかについてのポイントが、具体的かつ、明確に書き記されていることだ。

ウィザードブックシリーズ 200
FXスキャルピング
著者：ボブ・ボルマン
定価 本体 3,800円+税　ISBN:9784775971673

【無限の可能性に満ちたティックチャートの世界！FXの神髄であるスキャルパー入門！10ティックをかすめ取れ！FXトレーディングの神髄――魅力あふれるスキャルピングの世界】本書は、プロのスキャルピングの世界をFXトレーディングの初心者でも分かりやすく掘り下げて紹介した手引書である。日中のトレード戦略を詳細につづった本書は、多くの70ティックチャートとともに読者を魅力あふれるスキャルピングの世界に導いてくれる。そして、あらゆる手法を駆使して、世界最大の戦場であるFX市場で戦っていくために必要な洞察をスキャルパーたちに与えてくれる。

ウィザードブックシリーズ 196
ラリー・ウィリアムズの短期売買法【第2版】
著者：ラリー・ウィリアムズ
定価 本体 7,800円+税
ISBN:9784775971604

短期システムトレーディングのバイブル！読者からの要望の多かった改訂「第2版」が10数年の時を経て、全面新訳！直近10年のマーケットの変化をすべて織り込んだ増補版！

ウィザードブックシリーズ 169
コナーズの短期売買入門
著者：ローレンス・A・コナーズ、シーザー・アルバレス
定価 本体 4,800円+税
ISBN:9784775971369

本書は、市場哲学や市場心理や市場戦略を交えて展開していく。さまざまな市場・銘柄を例に見ながら、アメリカだけではなく世界で通用する内容となっている。

ウィザードブックシリーズ 180
コナーズの短期売買実践
著者：ローレンス・A・コナーズ
定価 本体 7,800円+税
ISBN:9784775971475

FX、先物、株式のシステム売買のための考え方とヒント！短期売買とシステムトレーダーのバイブル！本書は、、システムトレーディングを目指すトレーダーにとって、最高の教科書となるだろう。

| マーク・ダグラス | ブレット・スティーンバーガー | アリ・キエフ | ダグ・ハーシュホーン |

トレード心理学の四大巨人による不朽不滅の厳選ロングセラー5冊!

トレーダーや投資家たちが市場に飛び込んですぐに直面する問題とは、マーケットが下がったり横ばいしたりすることでも、聖杯が見つけられないことでも、理系的な知識の欠如によるシステム開発ができないことでもなく、自分との戦いに勝つことであり、どんなときにも揺るがない規律を持つことであり、何よりも本当の自分自身を知るということである。つまり、トレーディングや投資における最大の敵とは、トレーダー自身の精神的・心理的葛藤のなかで間違った方向に進むことである。これらの克服法が満載されたウィザードブック厳選5冊を読めば、次のステージに進む近道が必ず見つかるだろう!!

ブレット・N・スティーンバーガー博士 (Brett N. Steenbarger)

ニューヨーク州シラキュースにある SUNY アップステート医科大学で精神医学と行動科学を教える准教授。自身もトレーダーであり、ヘッジファンド、プロップファーム(トレーディング専門業者)、投資銀行のトレーダーたちの指導・教育をしたり、トレーダー訓練プログラムの作成などに当たっている。

なぜ儲からないのか。自分の潜在能力を開花させれば、トレード技術が大きく前進することをセルフコーチ術を通してその秘訣を伝授!

悩めるトレーダーのためのメンタルコーチ術
定価 本体3,800円+税
ISBN:9784939103575

トレーダーの精神分析
定価 本体2,800円+税
ISBN:9784775970911

マーク・ダグラス (Mark Douglas)

トレーダー育成機関であるトレーディング・ビヘイビアー・ダイナミクス社社長。自らの苦いトレード体験と多くのトレーダーたちの経験を踏まえて、トレードで成功できない原因とその克服策を提示。最近は大手商品取引会社やブローカー向けに、心理的テーマや手法に関するセミナーを開催している。

本国アメリカよりも熱烈に迎え入れられた『ゾーン』は刊行から10年たった今も日本の個人トレーダーたちの必読書であり続けている!

ゾーン 14刷 オーディオブックあり
定価 本体2,800円+税
ISBN:9784939103575

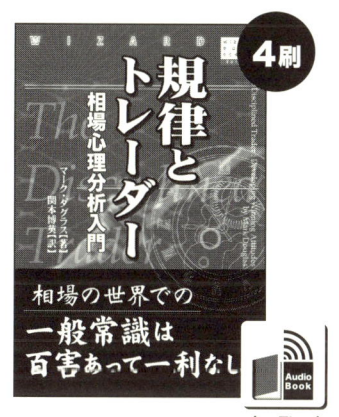

規律とトレーダー 4刷 オーディオブックあり
定価 本体2,800円+税
ISBN:9784775970805

アリ・キエフ (Ari Kiev)

スポーツ選手やトレーダーの心理ケアが専門の精神科医。ソーシャル・サイキアトリー・リサーチ・インスティチュートの代表も務め、晩年はトレーダーたちにストレス管理、ゴール設定、パフォーマンス向上についての助言をし、世界最大規模のヘッジファンドにも永久雇用されていた。2009年、死去。

世界最高のトレーダーのひとりであるスティーブ・コーエンが心酔して自分のヘッジファンドであるSACキャピタルに無期限で雇った!

トレーダーの心理学 2刷
定価 本体2,800円+税
ISBN:9784775970737

マーケットの魔術師[株式編] 増補版 アリ・キエフのインタビューを収録!
定価 本体2,800円+税
ISBN:9784775970232

成功の秘訣が分かる
マーケットの魔術師たちに学ぶ

ジャック・D・シュワッガー (Jack D. Schwager)

成功者の特質を取材

新刊発売予定!

現在、マサチューセッツ州にあるマーケット・ウィザーズ・ファンドとLLCの代表を務める。著書にはベストセラーとなった『マーケットの魔術師』『新マーケットの魔術師』『マーケットの魔術師[株式編]』（パンローリング）がある。また、セミナーでの講演も精力的にこなしている。

続マーケットの魔術師 ― トップヘッジファンドマネジャーが明かす成功の極意
（ウィザードブックシリーズ20）

定価 本体2,800円+税　ISBN:9784775971680

『マーケットの魔術師』シリーズ10年ぶりの第4弾！ 先端トレーディング技術と箴言が満載！「驚異の一貫性を誇る」これから伝説になる人、伝説になっている人のインタビュー集。

新マーケットの魔術師 ― 米トップトレーダーたちが語る成功の秘密
（ウィザードブックシリーズ13）

定価 本体2,800円+税　ISBN:9784939103346

高実績を残した者だけが持つ圧倒的な説得力と初級者から上級者までが必要とするヒントの宝庫。

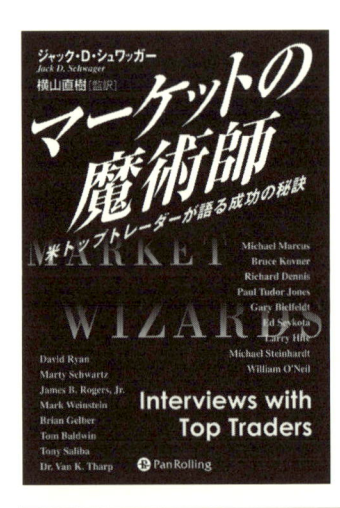

マーケットの魔術師 ― 米トップトレーダーが語る成功の秘訣
（ウィザードブックシリーズ19）

定価 本体2,800円+税　ISBN:9784939103407

世界中から絶賛されたあの名著が新装版で復刻！ ロングセラー。投資を極めたウィザードたちの珠玉のインタビュー集。